A PALAVRA É
FUTURO

Gabriel Perissé

A PALAVRA É
FUTURO

Copyright © 2012 Gabriel Perissé
Copyright © 2012 Editora Gutenberg

PROJETO GRÁFICO DE CAPA
Diogo Droschi

PROJETO GRÁFICO DE MIOLO
Conrado Esteves
Diogo Droschi

EDITORAÇÃO ELETRÔNICA
Conrado Esteves

REVISÃO
Lílian de Oliveira

EDITORA RESPONSÁVEL
Rejane Dias

Revisado conforme o Acordo Ortográfico da Língua Portuguesa de 1990, em vigor no Brasil desde janeiro de 2009.

Todos os direitos reservados pela Editora Gutenberg. Nenhuma parte desta publicação poderá ser reproduzida, seja por meios mecânicos, eletrônicos, seja via cópia xerográfica, sem a autorização prévia da Editora.

EDITORA GUTENBERG LTDA.

São Paulo
Av. Paulista, 2.073, Conjunto Nacional, Horsa I
11º andar, Conj. 1101 . Cerqueira César
01311-940 . São Paulo . SP
Tel.: (55 11) 3034 4468

Belo Horizonte
Rua Aimorés, 981, 8º andar . Funcionários
30140-071 . Belo Horizonte . MG
Tel.: (55 31) 32142 5700

Televendas: 0800 283 13 22
www.autenticaeditora.com.br

Dados Internacionais de Catalogação na Publicação (CIP)
(Câmara Brasileira do Livro, SP, Brasil)

Perissé, Gabriel
 A palavra é futuro / Gabriel Perissé. – Belo Horizonte : Editora Gutenberg, 2012. – (A Palavra é; 1)

 ISBN 978-85-65383-12-7

 1. Carreira profissional - Desenvolvimento 2. Conduta de vida 3. Mercado de trabalho 4. Mudança organizacional 5. Objetivo (Psicologia) 6. Planejamento 7. Realização profissional 8. Sucesso em negócios I. Título. II. Série

12-01973 CDD-650.14

Índices para catálogo sistemático:
 1. Carreira profissional : Desenvolvimento : Administração 650.14

7   Projeções

13 Onde está o futuro?

20 Conjugar o futuro

28 Pensando os futuríveis

35 Futurologia

44 Futurismo e empreendedorismo

53 Um país do futuro

60 Ver e prever o futuro

69 Você tem futuro?

76 Um futuro melhor

85 Construir ou destruir o futuro?

93 O trabalho do futuro

101 Estudar para o futuro

110 Sabedoria do futuro

120 A invenção do futuro

126 Existe vida depois do futuro?

134 Futuro: mobilizar a imaginação

142 Seres futurantes

148 A gestação do futuro

154 Mais projeções

◉ PROJEÇÕES

> "A única maneira séria de pensar sobre o futuro é ter uma ideia clara, empiricamente fundada, de nosso presente e de nosso passado — em particular de nosso passado mais recente."
>
> MANUEL CASTELLS

A palavra "futuro" é palavra-chave para o mundo do trabalho e para o mundo pessoal de cada um de nós.

O conhecimento estritamente profissional, o talento para exercer determinada atividade, a vontade de "fazer o melhor", de "fazer a diferença", as habilidades que tenhamos desenvolvido em experiências anteriores ou em cursos que frequentamos no passado são apenas uma parte (uma pequena parte) do que o futuro exige de nós.

A empresa é uma comunidade humana. Uma comunidade específica, mas, antes de tudo, humana. Um lugar onde pessoas vivem e convivem durante várias horas do dia, muitos dias por semana, ao longo de muitos meses a cada ano, vivência e convivência que podem se estender por uma década, ou mais... ou talvez nem tanto...

Quando ingressamos numa comunidade empresarial, anuncia-se um futuro de aprendizado e realizações, mas também de retrocessos e desapontamentos. Sabemos, desde o primeiro momento, que teremos de nos adaptar a novas rotinas, novos horários, novas regras, que conheceremos pessoas novas, que seremos chamados a assumir novos comportamentos. E que haverá desafios duríssimos. E que teremos de enfrentar algumas frustrações.

◯ O futuro não nos promete apenas sonhos e brindes.

Pensar no futuro é condição *sine qua non* para uma existência profissional madura, mais intensa, mais promissora. Um negócio promissor, uma carreira promissora são promessas de um futuro a ser imaginado e construído. Pensamentos imediatistas, preocupações centradas no aqui e agora são perigosos para o futuro. O perigo é aceitar uma rotina sem sentido. O perigo é cultivar ideias e atitudes que já nasceram ultrapassadas.

Devemos ampliar nossa consciência com relação à vida profissional. Quem faz uma carreira ser promissora é a pessoa, e não apenas o profissional que a pessoa é. Quem torna um negócio promissor são as pessoas que tocam o negócio, e não apenas os profissionais que essas pessoas são. O futuro em que devemos pensar envolve todas as nossas dimensões humanas.

◯ O futuro nos compromete totalmente!

Pensemos em questões abordadas com frequência na vida das organizações, como inovação, liderança, criatividade, motivação, empreendedorismo, cooperação e trabalho em equipe, responsabilidade social, capacidade de negociação, comunicação empresarial, ética... Todas essas questões podem ser tratadas de modo superficial, isolado e alienante, fazendo perder de vista que uma equipe é um conjunto de *pessoas* diferentes, que uma negociação se faz entre *pessoas* com interesses divergentes, que a criatividade se manifesta em *pessoas* criativas, que a liderança pressupõe *pessoas* reais, etc., etc.

Promover a motivação dos empregados com a única finalidade de melhorar os processos operacionais e burocráticos da empresa é de curta visão e de curtíssima duração. O palestrante motivador conseguirá, com alguns truques e simpatia, que o público dance, cante, se abrace, chore, sinta o otimismo circular de novo em suas veias, grite de empolgação. Tal motivação, porém, preocupada apenas com aspectos secundários, banalizando a realidade integral da pessoa humana, será uma motivação sem futuro.

Incentivar uma liderança que não esteja enraizada na compreensão do que é a liberdade humana, do que significa o diálogo entre os seres humanos, do que é, de verdade, lutar pela dignidade humana, pode conduzir à mera vontade de ter subordinados, à mera vontade de mandar nos outros. Uma liderança assim não tem futuro.

O discurso a favor da ética empresarial carente de uma teoria bem fundamentada sobre o que são valores e virtudes, um discurso ético sem ações concretas que promovam o essencialmente humano será, em breve, palavreado vazio, blá-blá-blá, produzindo um ambiente de fofoca, desconfiança, intrigas e... cinismo. Uma ética assim não tem futuro.

A inovação que se transforma em desejo insaciável de novidades, em nome da competitividade predadora, em nome do sucesso a qualquer custo, em nome do lucro irresponsável ou do consumismo enlouquecido é uma inovação sem futuro.

O futuro encolherá e morrerá, se não tivermos um adequado conceito de futuro!

Um livro sobre o futuro projeta-se como uma pesquisa conceitual. Como dizia um professor de filosofia: "sejamos práticos... façamos uma teoria!". Para agir melhor é preciso pensar melhor. Ler é refletir. O leitor está quieto, exteriormente. Não está pulando, dançando, batendo palmas. Por dentro, porém, vai em alta velocidade. Por fora, o leitor silencia. Por dentro, várias vozes em diálogo.

Mediante a leitura, criamos conceitos, dos quais nascerão raciocínios, decisões e condutas. O conceito é fruto de uma semeadura mental. Na leitura, jorram sementes. A inteligência dos leitores é a terra em que essas sementes se depositam e brotam. Daí frutificam os conceitos. E os conceitos colhidos se transformam em discurso e ação coerentes.

Este livro projeta-se como uma fonte de conceitos para uma vida humana e profissional mais rica. Em particular, precisamos de um bom conceito de futuro. Para podermos pensar e atuar melhor no momento presente. Chesterton dizia que procurava nos livros antigos as novas ideias. Iremos ao passado em busca do que já anunciava futuros. O conceito de futuro nascerá aos poucos, de modo orgânico.

Do ponto de vista prático, no momento em que você está atuando profissionalmente, este conceito de futuro terá de passar pelo "teste da vida real", para provar que é um conceito saudável, coerente, e não uma bela e mirabolante fantasia.

Um bom conceito, além de certeiro no plano das ideias, terá de provar que é operacionalmente válido, que é igualmente certeiro na hora da ação. Um conceito sobre o qual só pudéssemos falar seria uma abstração, um conceito que alguém entendesse como um sonho... só aconteceria na hora do sono!

O que um bom conceito de futuro nos ajuda a fazer, que decisões nos ajuda a tomar, aqui e agora, para que possamos concretizar o futuro que vislumbramos? Esta pergunta deverá ser feita por todos nós ao longo da leitura, e depois que a terminarmos. Mas há, ainda, uma outra pergunta, imprescindível: o que significa, em suma, a palavra "futuro"?

Para estas e outras perguntas... não há respostas prontas. Você terá de participar da sua elaboração. Ler é pensar, e pensar é, em boa medida, conceituar. O conceito não é uma mercadoria que você compra quando compra um livro. O conceito é algo vivo, que nasce dentro das pessoas e habita o nosso âmago. O conceito se transforma não numa ferramenta (ferramentas são coisas descartáveis, embora muito úteis em determinadas situações), mas numa presença. O conceito é uma presença invisível.

Vejo o conceito como uma presença que transforma quem o criou. Se você criar um adequado conceito de futuro, saberá tomar decisões quanto ao futuro também de um modo mais adequado. Se você estiver imbuído, impregnado de um bom conceito de futuro, não precisará de muitas motivações externas. A sua maior motivação será o próprio conceito de futuro, atuando em sua inteligência, em suas iniciativas.

Criar conceitos é manter uma relação vital com a realidade. E com os problemas que a realidade nos traz. Podemos consultar os dicionários comuns, ou os de filosofia, em busca de conceitos já definidos. Esta é apenas uma aproximação. Pensar com autonomia consiste em criar e assumir conceitos pessoais, concepções pessoais diante da vida.

Ao criar conceitos, descobrimos para que serve a filosofia no nosso ambiente de trabalho, no mundo profissional em que estamos mergulhados, no nosso cotidiano como seres pensantes e produtivos, na vida social como cidadãos. Criar conceitos é agir na criação de nossa própria existência, e, portanto, uma vez que a vida profissional é uma dimensão de nossa vida integral, criar conceitos é fundamental para a consolidação de uma carreira.

Os conceitos não são coisas simples, já estabelecidas e comprovadas. Não se trata de apertar uma tecla e ver os resultados acontecerem. Por ser uma realidade viva, o conceito pode e vai se transformar. O conceito de futuro que você vai criar (ou recriar) a partir da leitura deste livro é um conceito que vai mudar no futuro!

O conceito não nasce do nada!

Você não começará esta leitura sem ter, pelo menos em esboço, um conceito de futuro. Você já possui uma noção mais ou menos clara do que é o futuro. Mas precisamos ser mais abrangentes, mais profundos, mais explícitos e mais contundentes em nossa reflexão. Para que a palavra "futuro" brote de nossas bocas de modo mais claro e eficaz.

Quando decidi escrever este livro, pensei nos leitores como criadores de conceitos. Os conceitos também são muito úteis em situações de crise e indefinição, tanto no âmbito pessoal como no nível empresarial. No meio de uma tempestade, de um desabamento, de um naufrágio, precisamos que algo nos salve. Os conceitos são salva-vidas que nos ajudam a nadar no meio de águas revoltas. E até mesmo a sair voando, evitando o pior.

> **Um adequado conceito de futuro poderá nos salvar das adversidades futuras.**

AS PALAVRAS-CHAVE SÃO

- Empresa
- Desafios
- Filosofia
- Conceito
- Decisões
- Carreira

◉ ONDE ESTÁ O FUTURO?

> "Há sempre um momento em que uma porta
> se abre e deixa o futuro entrar."
> GRAHAM GREENE

O futuro de um profissional é o futuro da pessoa que esse profissional é. O futuro de uma empresa depende do futuro das pessoas que a compõem. Mas... onde está o nosso futuro? O meu futuro, onde está? E onde está o seu futuro?

O futuro está no porvir. É o porvir. A palavra "porvir" significa literalmente o que está por vir, o que virá. A palavra "futuro" vem do latim *futurus*, era o particípio futuro do verbo *esse* (o verbo "ser"), e queria dizer algo muito simples: o futuro é "aquilo que há de ser". Em francês, futuro é *avenir*, substantivo que nasceu de uma locução — *le temps à venir* —, cuja tradução é igualmente muito simples: "o tempo que está para vir". "Futuro" em alemão é *Zukunft*, e significa "aquilo que vem em nossa direção", decompondo a palavra, como ensinava Heidegger, em *zu* (em direção) *uns* (a nós) *kommt* (vem).

Sim, concordo com você. Esta primeira abordagem etimológica parece não ter ajudado muito. Dizer que o futuro é aquilo que virá tem todo o jeito de um pleonasmo banal como o "subir para cima", o "empilhar um em cima do outro" ou o "encarar de frente".

◯ **Temos de dizer o óbvio: o futuro não está aqui.**

É por isso que o futuro nos causa essa mistura de apreensão e esperança, de dúvida e confiança. Ele não está aqui. E ao mesmo tempo está para chegar. As frases feitas e os lugares-comuns que se referem ao futuro falam num "futuro incerto", num futuro que "a Deus pertence", num "futuro próximo", num "futuro promissor" e, quando estamos muito otimistas, achando que tudo vai dar certo, apostamos num "grande futuro pela frente" (outro pleonasmo, pois ninguém se refere a um grande passado pela frente... ou a um grande futuro que já aconteceu).

O futuro, obviamente, é o que ainda não chegou. É a promoção que ainda não foi conquistada. É a aprovação de um projeto que ainda não foi anunciada pela diretoria. São as férias que ainda não chegaram. O futuro, grande ou pequeno, continua sempre à nossa frente.

Ao mesmo tempo, sabemos que o futuro chegará. O "amanhã" é algo que desponta. Essa outra frase feita, pura redundância — "amanhã será outro dia" —, aponta para um tempo melhor do que o dia de hoje. A palavra "amanhã" vem do latim vulgar *maneana*, com o sentido de um "bom amanhecer", um dia novo, cheio de luz e possibilidades. Amanhã o projeto será aprovado, amanhã começam as férias, amanhã serei promovido...

O futuro não está aqui, ainda não chegou, mas em algum momento chegará. Mais cedo ou mais tarde, o futuro se tornará presente. O futuro deixará de ser futuro assim que chegar. Certo, são frases óbvias. O óbvio deve ser dito e confirmado, para pensarmos com clareza e descobrirmos outras coisas, menos óbvias.

É óbvio, é evidente, é claro que o dia de amanhã será, a cada dia, o novo dia de hoje. A cada minuto, o minuto futuro se transforma em minuto presente. E um novo minuto futuro se desloca para frente. Ou, como disse Millôr Fernandes, "nunca vi nada que tivesse acontecido no futuro". De certo modo, o futuro é sempre alcançável e sempre inalcançável. É inalcançável como naquele paradoxo do filósofo grego Zenão, em que o grande guerreiro Aquiles, por mais que corra, não consegue ultrapassar uma simples tartaruga.

Herói cheio de virtudes, ferocidade e paixão, Aquiles era alto, forte e veloz, habilidades valorizadas nas lutas corpo a corpo. Na *Ilíada*, Homero destaca-lhe a velocidade, dizendo que Aquiles era o guerreiro "dos pés ligeiros". A tradição conta que se alimentava das entranhas dos leões, javalis e ursos para assimilar a energia vital desses animais, sua força, sua coragem, sua destreza. Para provar a tese de que o movimento era ilusório, Zenão imaginou uma corrida entre esse guerreiro veloz e uma tartaruga. Por considerar-se superior ao pobre animal, Aquiles lhe concede uma pequena vantagem, de 100 metros, digamos. E tem início a emocionante corrida!

Aquiles dispara e logo recupera os 100 metros de vantagem. A essa altura, porém, com esforço hercúleo, a tartaruga conseguiu percorrer um metro de caminho. Perplexo com a reação da tartaruga, Aquiles dá uma passada e cobre esse um metro, mas a tartaruga avançou mais 20 centímetros, mantendo a primeira colocação. Aquiles cobre então esses 20 centímetros, mas a tartaruga já correu outros dez centímetros, garantindo a dianteira. Esses dez centímetros Aquiles consegue cobrir outra vez, mas outra vez a tartaruga se manteve à frente, avançando cinco centímetros... E assim sempre!

Aquiles precisa alcançar sua rival para ultrapassá-la. No entanto, toda vez que o grande guerreiro vai emparelhar com a tartaruga, esta já se adiantou um pouco mais. Por mais rápido que corra, a tartaruga continuará em movimento, e continuará em vantagem. Por menor que seja a fração de distância entre Aquiles e a tartaruga, sempre haverá uma distância a vencer. A eternidade é insuficiente para que o herói vença a disputa.

Essa é, de certo modo, a disputa entre o homem e o futuro. Por mais rápido que corramos, o futuro já se deslocou.

Ora, se o futuro está sempre à nossa frente, se não está aqui, ao alcance da mão (e nunca estará!), onde se encontrará ele, afinal? Em algum lugar fora do tempo, rindo-se de nosso ilusório desejo de alcançá-lo? Ou teremos de admitir, simplesmente, a inexistência do futuro?

Há pessoas que preferem não pensar no futuro. Preferem negá-lo. Talvez tenham razões para essa negação. Talvez tenham sofrido terríveis decepções no passado. Por algum motivo, consideram essas nossas reflexões sobre o futuro uma grande perda de tempo.

Não estabelecem metas para o mês que vem, ou para o ano que vem. Não querem saber do futuro. Querem viver o dia a dia, o minuto a minuto, querem colher o dia, aproveitar os frutos maduros do dia de hoje (o famoso *carpe diem*), sem disputar corrida nenhuma com tartarugas, muito menos com heróis. Não economizam, não se esforçam em demasia, gastam hoje tudo o que hoje ganharam. Não planejam nada. Vão fazendo hoje o que é possível fazer, ou o que é mais agradável fazer. O futuro... ficará para amanhã. O fruto do amanhã está verde agora. Deixemos para colhê-lo amanhã, quando for a hora certa. Ou depois de amanhã. Ou depois de depois de amanhã.

> Se o futuro não está aqui, essas pessoas não estão nem aí para o futuro.

Essa atitude de (talvez aparente) indiferença pelo futuro revela uma certa imaturidade. Querer viver o presente, o aqui e agora, sem interesse pelo futuro (e, em geral, sem conexão com o passado) parece-me uma forma de alienação. E alienação voluntária. Com algumas consequências indesejáveis.

Quem não se importa com o futuro terá depois de aceitar todo e qualquer acontecimento, submeter-se ao que virá. Não temos como controlar todas as possibilidades do futuro, é verdade, mas deixar o futuro totalmente incontrolável é ficar à mercê de tudo. Seremos surpreendidos pelos prazos de entrega, pelas cobranças, pelos compromissos que tivemos de assumir, pelos horários que foram definidos sem nossa participação, por tudo aquilo que, gostemos ou não, se impõe de fora para dentro.

O filósofo e matemático Gottfried Leibniz dizia que o presente está feito de passado e pleno de futuro. Isso significa que o passado continua, de certo modo, atuante no presente, e que o futuro, de certo modo, já está acontecendo no presente.

◯ **Temos de entender este "certo modo".
De certo modo, o futuro já está presente.**

O futuro está aqui, e posso falar dele, preocupar-me com ele, pensar nele. Posso dizer que o futuro está aqui, embutido, de certo modo "comprimido" no presente. Mas ao mesmo tempo posso não me preocupar com ele, posso ignorá-lo. Posso fingir que o presente não carrega o futuro dentro de si, como uma mulher grávida. Posso abortar esse óbvio. Posso dizer, em suma, que o futuro não está aqui, e que o presente é tão somente o momento presente.

Um pouco mais de óbvio, para prosseguirmos. São três as dimensões temporais: "passado", "presente" e "futuro". O que cada um tem a nos dizer?

De certo modo, o passado é aquilo que não passou. Continua atuante. O passado é experiência, é aprendizado. O presente está acontecendo e deixando de acontecer neste momento. O presente está sempre em transformação. O futuro será presente. O presente será passado. São dimensões dinâmicas, que se metamorfoseiam e se interpenetram. O passado não está mais aqui, não é mais presente. Contudo, está presente, o passado permanece em forma de memória, de relato, de recordação. Deixou vestígios. Não teríamos como encontrar também "vestígios" do futuro em nosso presente? O futuro já está presente, em forma de esperança, de planejamento, de perspectiva.

Peter Drucker dizia, com sua habitual clareza, que o planejamento nada tinha a ver com as decisões do futuro, mas com as decisões do presente para criar o futuro. Esta constatação, por mais óbvia que seja, é extremamente válida e útil para planejamentos empresariais e governamentais. Um investimento que se decide fazer hoje é um investimento para o futuro, mas representa, antes de mais nada, um investimento no presente.

Investimos no hoje para que amanhã seja uma boa manhã. Quando uma empresa decide investir na formação intelectual de seus funcionários, está investindo no presente. O futuro poderá ser melhor graças a esse investimento, mas a única coisa que está garantida de antemão, no momento presente, é a iniciativa tomada hoje para que os funcionários recebam essa formação quanto antes.

A obviedade que Peter Drucker não teve receio de dizer vale também para cada pessoa. O futuro de minha carreira profissional depende do que eu fizer hoje, aqui e agora, das decisões de hoje, das leituras de hoje, das minhas conversas de hoje, do modo como gasto as horas do dia de hoje. O futuro está aqui, dentro do presente. É o futuro do presente! Não posso garantir que meu futuro será brilhante. Amanhã pode ser um amanhecer... sem sol. Amanhã pode ser um dia nublado ou com tempestades destruidoras. Uma contradição em termos linguísticos, mas uma possível verdade em termos meteorológicos.

> Se não posso garantir meu futuro, posso, no entanto, agir sobre o presente. Agindo sobre o presente, contribuo para construir o futuro.

Para ver o passado dentro do presente, precisamos ter uma visão serena sobre o que já aconteceu, uma visão objetiva sobre o passado, aceitando sua força e suas lacunas. As decisões do passado nos fizeram, em boa medida, chegar aonde chegamos. Ou aonde não deveríamos ter chegado! Temos de olhar o passado com espírito de avaliação sincera, interpretar o passado como quem lê uma biografia (que no caso é uma autobiografia), com alegria pelas boas decisões, com sabedoria diante das circunstâncias que se impuseram à nossa revelia, sem o nosso consentimento, mas também temos de olhar o passado sem medo de reconhecer os erros dos outros, sem medo de detectar os equívocos pessoais e sem medo de arrependimentos.

E para ver o futuro dentro do presente, precisamos olhar o presente de outro modo. Pensar de outro modo a nossa atual situação. Precisamos ter uma visão crítica com relação ao presente. Cultivar o inconformismo. As decisões de agora nos tornarão diferentes do que somos. Possivelmente melhores do que somos. Ou talvez não. Talvez continuemos presos ao passado quando o futuro chegar. Tudo vai depender de como encaramos nosso presente e o grau de responsabilidade, e de coragem, das nossas decisões.

Por isso é importante aprender a conjugar o futuro.

AS
PALAVRAS-CHAVE
SÃO

- Etimologia
- Óbvio
- Planejamento
- Presente
- Passado
- Investimento

CONJUGAR O FUTURO

"Não importa o que o passado fez de mim.
Importa o que farei com
o que o passado fez de mim."

JEAN-PAUL SARTRE

Você conhece o verbo "futurar"? Pois ele existe, e pode ser conjugado: eu futuro, tu futuras, ele futura, nós futuramos, vós futurais, eles futuram. Com três sentidos.

Um dos sentidos é o de conjecturar. Futurar é fazer suposições sobre o que poderá acontecer, ou até sobre o que já está acontecendo. Pode gerar muita ansiedade. Digamos que amanhã, na empresa, serão anunciadas algumas demissões. É só o que se sabe. Mas não se sabe exatamente quantos serão demitidos, e em que circunstâncias concretas. Abre-se então um mundo de hipóteses e suposições. Eu futuro, você futura, eles futuram, todos futuramos, querendo adivinhar quem já está com as horas contadas, quem será "promovido de volta para o mercado", como dizia o gerente de um banco, maldosamente.

Esse futurar pode provocar insônias, aumentar a gastrite, gerar enxaquecas, aprofundar a tristeza, levar o mau humor a níveis insuportáveis, para os que estão em volta e para o próprio mal-humorado.

O segundo sentido para o verbo "futurar" é antever o que ainda não aconteceu... e nem se sabe se vai acontecer. Muitos profetas amadores gostam de testar sua capacidade de fazer previsões. Fazem prognósticos sobre um novo produto, leem o destino de um novo colega, recém-contratado, têm pressentimentos terríveis sobre as possíveis mudanças estruturais da empresa em razão do novo presidente... que ainda não assumiu o posto, que nem sequer surgiu no horizonte!

> Esse futurar difunde mais boatos do que profecias, provoca inquietações desnecessárias, leva a muita perda de tempo.

Um terceiro sentido para "futurar" é desejar e acreditar num futuro melhor. É ter aquele espírito positivo, aquela eterna esperança de que, no final, tudo vai dar certo. Quem futura desse modo está sempre esperando o melhor, contando com o final feliz, e enviando por e-mail calorosas mensagens, por vezes acompanhadas de paisagens fantásticas e animais em clima de cooperação. São pessoas com frases de otimismo:

— Na vida tudo tem jeito.

— Deus dá o frio conforme o cobertor!

— Há males que vêm para bem.

— Faça do limão uma doce limonada!

A visão de mundo é ingênua, mas não necessariamente nociva para o ambiente profissional. Esse futurar otimista (meio superficial, é verdade, como tantos livros de autoajuda) não é de todo ruim. Só precisa ser dosado pelo realismo.

Além do verbo "futurar" — que você talvez não conhecesse por esse nome, mas cujos sentidos já presenciou em sua vida milhares de vezes —, temos, na linguagem cotidiana, formas de colocar outros verbos no tempo futuro.

De fato, sabemos como algo óbvio que nossas ações podem ser vistas em três perspectivas temporais — o presente, o passado e o futuro. O que não é tão óbvio são as várias nuances do futuro. O futuro tem gradações. O futuro tem camadas.

Por exemplo, existe o "futuro perfeito", que se opõe ao "passado perfeito". O passado perfeito é aquele que aconteceu, pronto, ponto final: "faltei na reunião" ou "fui promovido". O futuro perfeito, em contrapartida, é a determinação de que no futuro algo acontecerá: "na segunda-feira terei faltado na reunião" ou "até o final do ano serei promovido".

O futuro perfeito não é suposição, é uma determinação. Muitos futuros decisivos são assim, perfeitos. Um profissional se determina a realizar uma tarefa, a cumprir um propósito. Quando esse profissional verbaliza, no futuro perfeito, o que está determinado a fazer, compromete-se seriamente:

— Amanhã à tarde já terei respondido aos e-mails pendentes.

— No próximo ano estarei com minha pós-graduação concluída.

O tempo é um campo em que a imaginação e a memória correm livres. Somos, na verdade, seres caminhantes na linha do tempo, reinventando o futuro, misturando presente com passado, fecundando o presente com o futuro, recuperando o passado no futuro. Viajamos em meio a coisas reais e coisas irreais. A irrealidade não é, necessariamente, algo contrário ao realismo. Quando sonho com um futuro melhor, estou sonhando com algo que ainda não é real. Estou lidando com a irrealidade. Mas essa irrealidade futura está aqui, presente, no meu pensar, no meu falar e no meu agir.

Essa flexibilidade e essa mobilidade, que fazem de nós viajantes do tempo, são determinantes para nosso crescimento humano e profissional. Não estamos presos a um presente sem janelas, a um ponto sem pontes, ou a um passado mumificado.

◯ Mas voltemos ao futuro.
Que tem, dentro de si, vários tempos.

O futuro mais simples, em princípio, é o dos anúncios e promessas cotidianas. Alguém diz: "vou almoçar ao meio-dia". Talvez não vá, talvez nem almoce naquele dia. O uso desse futuro simples nem sempre é tão simples. Porque prometer não é algo simples.

Promessas e compromissos são formulados no presente, com o olhar voltado para o futuro. Afirmamos, para os outros e para nós mesmos, para colegas e clientes, para parentes e amigos, que seremos leais, que seremos honestos, que diremos a verdade, que lutaremos até o fim, que voltaremos mais cedo, que nos esforçaremos mais, que pagaremos as dívidas, que vamos investir melhor, enfim, prometemos, e nos comprometemos.

> Contudo, nem sempre o futuro falado se confirma no futuro vivido.

Ao empregar o futuro da promessa, temos de ter consciência clara do que está em jogo. Certamente, contratos podem ser rompidos quando há razões graves para que isso aconteça. O problema ético está aqui presente. Os antigos se referiam à "palavra de honra", ao hábito de cumprir promessas. Não creio que o mundo antigo fosse mais ético do que o nosso. Ou menos. Não é o caso de estabelecer comparações. Não temos onisciência para esse tipo de tarefa.

De qualquer modo, as frases que prometem (e que lembram tantos discursos demagógicos enganadores), "eu farei", "eu conseguirei", "eu lutarei"... podem se dissolver com o passar do tempo. Diante desse risco, há quem adote como princípio de vida jamais prometer o que não tenha certeza de poder cumprir. E, como é difícil obter essa certeza, o melhor será prometer muito pouco. Ou quase nada.

Um antigo pensador francês, La Rochefoucauld, dizia que as pessoas prometem quando estão cheias de esperança e depois são obrigadas a cumprir o que prometeram... cheias de medo. Cumprir determinados deveres por medo (medo de desagradar, medo de ser demitido, medo de levar broncas...) é transformar o futuro num deserto de criatividade.

Portanto, devemos usar o futuro simples, sim, mas com inteligência, ponderando como é fácil prometer e como é trabalhoso cumprir. Prometer, sim, se o que se promete tem boas chances de se realizar. E, ao fazer a promessa, atuar sem medo de empenhar-se muito, e um pouco mais, para cumprir o prometido.

Outro futuro que parece simples mas não é poderia chamar-se o "futuro causador". Ou, melhor dizendo, o "futuro causado". É quando estabelecemos relação de causa e efeito entre duas ações, sendo o efeito algo que acontecerá no futuro. Alguém diz:

— Se eu pressionar o meu empregado, ele obedecerá.

— Se eu confiar mais em meus colegas, eles confiarão mais em mim.

São futuros que queremos causar. Futuros conduzidos por uma ação determinada.

Os futuros são futuros do presente, o que parece uma coisa muito simples de dizer. Mas já não é tão simples pensar no presente do futuro, em constatações como das frases abaixo, em que a força do futuro nos põe em presente antecipado:

— Amanhã chega a mercadoria.

— No ano que vem temos um encontro nacional a organizar.

— O próximo mês é momento de avaliação.

Quando precisamos de condições externas para que um futuro se concretize, temos o "futuro condicionado", trabalhando com hipóteses possíveis, em frases como:

— Irei se receber o apoio necessário.

— Mudarei de ideia se me apresentarem fatos, e não apenas suposições.

— Chegarei mais cedo se o cliente quiser.

O "futuro do passado", outra forma de conjugar o futuro, trabalha com hipóteses descartáveis. O passado já aconteceu e as consequências são evidentes. Em frases com uma conclusão negativa:

— Se eu tivesse me organizado melhor, estaria agora com uma mesa de trabalho menos abarrotada de papéis e meu dia a dia seria mais eficaz.

Ou em frases com uma conclusão positiva, como numa entrevista concedida pelo arquiteto japonês Tadao Ando, explicando o sucesso de seus projetos:

— Se eu me preocupasse em fazer apenas algo funcional para meus clientes, e não algo essencial, algo que transcendesse o mutável, minhas obras, hoje, não teriam valor nenhum.

Há um futuro que os legisladores chamam "jussivo" e os gramáticos, "imperativo". Refere-se ao ato de mandar que algo aconteça. É o "futuro do chefe", digamos assim, ou "do patrão". Ou "do líder", se você preferir:

— Você ficará nessa função durante um mês.
— Nossa empresa investirá em novos projetos no próximo ano.
— Daremos um salto de qualidade no modo de atender nossos clientes.

Mais do que promessas, temos aqui uma série de comandos. Conjugar os verbos assim não é para qualquer um. Semelhante a este é o "futuro sentencioso", de quem consegue enxergar longe:

— Dias virão em que nossa competência será desafiada.

— Só daqui a alguns anos os concorrentes entenderão nossas atuais decisões.

— No futuro, nossas ideias, hoje inovadoras, serão lugares-comuns para a maioria das pessoas.

Há um outro tipo de futuro. O "futuro provocador", que aparece em perguntas como estas:

— Você conduzirá esse projeto adequadamente?

— Como posso ter certeza de que você estará à altura desta tarefa?

— Em quantos dias você entregará o relatório final?

— Vocês acreditam que atingiremos as metas deste semestre?

○ **O futuro como um campo de interrogações e desafios.**

Também provocador, mas menos agressivo, é o "futuro suavizador", que pode apresentar as coisas em tom de sugestão, escondendo uma possível dúvida:

— Você poderia entregar esse relatório até amanhã?

— O que você me diria sobre suas condições de realizar esta tarefa?

— Seria possível você implementar esse projeto?

A ideia de futuridade, como você pode perceber, tem vários matizes. Conhecê-los nos ajudará a interpretar melhor o que nos dizem, o que a realidade espera de nós, e também o que nós esperamos da realidade, de nós mesmos e das outras pessoas.

E existe mais um futuro — o "futuro do futuro". Uma frase como esta — "Teremos alcançado nossas metas quando o concorrente alcançar as dele" — trabalha com dois futuros. O futuro posterior, o futuro nº 2, no caso, é o futuro do concorrente. Ele alcançará as metas que estabeleceu. Isso é líquido e certo. Mas também é líquido e certo que o futuro nº 1, o nosso, se realizará antes: antes deles, nós já teremos alcançado nossas metas!

○ **O futuro está repleto de futuros.**

AS **PALAVRAS-CHAVE** SÃO

- Futurar
- Tempo
- Promessa
- Medo
- Presente
- Desafios

PENSANDO OS FUTURÍVEIS

> "Sonho as coisas como as quero e me pergunto: por que não?"
> BERNARD SHAW

Na construção do conceito de futuro, vale a pena pesquisar conceitos anexos. O conceito de "futurível" é um deles, rico em sugestões.

Os teólogos do passado empregaram muito do seu tempo para discutir em que medida e de que modo Deus tinha conhecimento do futuro humano, sempre levando em conta duas questões difíceis de conciliar: a liberdade dos homens, por um lado, e a onisciência e a onipotência divinas, por outro.

Essa polêmica está muito distante das preocupações dos intelectuais de hoje. E também das nossas capacidades intelectuais... Não possuímos mais o espírito teológico necessário para dar conta de todas as sutis discussões que ocupavam aquelas cabeças medievais, aristotélicas, escolásticas, infindáveis discussões que se fizeram com veemência até o século XVII. Nos últimos trezentos anos, a humanidade tem se dedicado mais a construir o futuro (ou, às vezes, a destruí-lo...) do que a refletir sobre aquilo "que a Deus pertence"...

De certa forma, a polêmica medieval, que se estendeu até o início da era moderna, era estéril. Havia a pretensão intelectual de traduzir em ciência teológica o pensamento e a ação de Deus. Ficamos livres dessa pretensão, pagando o preço, porém, de cair numa triste e não menos estéril indiferença perante o tema.

Mesmo que não tenhamos hoje o espírito teológico daquela época, nem os conhecimentos lógicos e metafísicos suficientes para aprofundar questões que professores e alunos discutiam acaloradamente nas universidades de outrora, podemos, porém, resgatar a noção de "futurível" para pensarmos o futuro de nossa vida, enfatizando sua dimensão profissional, com a modéstia, o bom-senso e com os objetivos que temos em mente.

Para começar, aqueles antigos pensadores faziam uma distinção entre "futuros necessários" e "futuros contingentes". Vejamos em que consistem esses futuros, e o que isso tem a ver com os futuríveis.

O futuro necessário é aquele que vai acontecer. É o inevitável. Os futuros necessários estão ligados ao mundo das causas naturais, segundo a racionalidade científica ou, de acordo com doutrinas deterministas, ao mundo das condições sociais, e/ou históricas, e/ou econômicas, e/ou metafísicas, que não deixam espaço para a liberdade. Algo vai acontecer porque já está "embutido" em coisas e causas anteriores.

Por exemplo, o prefeito de uma cidade declara à imprensa: "No verão que se aproxima, ao chegarem as chuvas próprias da época, teremos desmoronamentos e haverá mortes". Com base na experiência repetida a cada ano, ciente de que as chuvas típicas do verão provocarão os já esperados deslizamentos nos mesmos locais de risco onde muitas casas continuam existindo, o prefeito sabe com absoluta certeza que morrerão pessoas em desmoronamentos. Trata-se de um futuro necessário, um futuro que pode ser anunciado sem medo de errar. De uma tragédia que se tornou inevitável.

Um exemplo de como a ciência também trabalha com essa noção: sabemos que, ao nível do mar, a água entra em ebulição a 100ºC. Se eu puser uma panela de água para esquentar nessas condições, sei que um futuro necessário vai acontecer — a água entrará em ebulição. Inevitavelmente.

Um futuro necessário é também aquele que muita gente poderia chamar de "destino". Neste caso, o futuro necessário torna-se uma questão fechada. As coisas futuras já estão definidas. É o exercício do fatalismo. Os fatalistas apelam às vezes para a "vontade de Deus" como um querer absoluto e perfeito que já definiu tudo. Não há escapatória. Não há possibilidade de recorrer a uma outra instância. Os fatos são fatais. E tem gente predestinada também. "Tem gente que nasceu para ser vendedor", ou "Este menino vai ser médico", diz alguém, distribuindo verdades com a singeleza dos deterministas. O futuro já estava escrito nas estrelas. Desde toda a eternidade.

Haverá futuros necessários no mundo profissional? Haverá, digamos, uma ciência que nos diga que isso ou aquilo acontecerá com certeza? Ou até mesmo, em situações radicais, haverá destinos inevitáveis no mundo do trabalho? Já estava escrito nos arcanos da história empresarial que Bill Gattes, Warren Buffet, Carlos Slim, Steve Jobs ou os nossos Eike Batista e Silvio Santos surgiriam no século XX e se tornariam homens empreendedores e ricos? Eles já estavam predestinados a ser aqueles em que se tornaram?

Mas há outro tipo de futuro, bem diferente do futuro necessário. Trata-se do que os pensadores do passado chamavam de "futuro contingente", ou também de "futuro livre". Este futuro livre não se pode prever de maneira certa, com base em realidades anteriores. É contingente: pode ou não acontecer, depende de muitas circunstâncias. Dentre essas circunstâncias, a mais decisiva é a ação da liberdade humana.

Os antigos tinham o hábito de estabelecer distinções delicadas entre as coisas. Diziam, por exemplo, que "algo que acontecerá" é diferente de "algo que está a ponto de acontecer". O que acontecerá... acontecerá. Não temos saída: é algo que vai acontecer, gostemos ou não, queiramos ou não. Mais cedo ou mais tarde, eu vou morrer. Daqui a 200 anos, todos os que estão vivos neste momento, todos estaremos mortos. Há verdades irrefutáveis. Há futuros sem escapatória. No entanto, existe aquilo que está a ponto de acontecer... e isso eu ainda não sei o que será...

Um exemplo nos ajudará a entender a distinção entre uma coisa e outra. Digamos que você e eu estamos assistindo a um filme de ação, com um herói, um bandido e a mocinha. E, pelo caminhar da história, pelo andar da carruagem, pelo comportamento dos personagens, você começa a adivinhar o que vai acontecer. E me diz, dois minutos antes: "Agora o bandido vai aparecer". E o bandido aparece! Depois você diz: "No final, o herói vai se casar com a mocinha". E o herói se casa com a mocinha no final! Impressionante! Você já sabe o que vai acontecer! Parece que já viu o filme um milhão de vezes.

No entanto, pode ser que estejamos assistindo a um filme nada previsível. Os roteiristas são mais inventivos. O diretor é genial. E os atores gostam de improvisar, surpreendendo o próprio diretor. Você agora não consegue mais adivinhar a próxima cena. Cada cena é mais inusitada do que a outra. Você sabe, porém, que algo sempre está a ponto de acontecer no filme. O filme não pode parar. Algo sempre vai acontecer, com certeza. É certo que haverá um futuro, mesmo que seja um futuro incerto...

○ **O futuro livre é o futuro incerto.**

A teologia afirmava que Deus, além de conhecer os futuros necessários, também conhece os futuros contingentes. Ou seja, Deus já está conhecendo, no presente eterno em que Ele vive, aquilo que está a ponto de acontecer, mas que nós, pobres mortais, não temos condições de prever. Deus sabe exatamente como tudo vai acontecer no filme a que ainda estamos assistindo, mesmo que os roteiristas, o diretor e os atores sejam os seres mais criativos, mais geniais, improvisadores e surpreendentes do universo. Deus está vendo o filme desde sempre!

○ **O futuro, necessário ou livre, vai acontecer.**

O tempo não para. A história do filme vai progredir: o bandido vai aparecer, ou não, terá morrido engasgado, e a mocinha vai se casar com o herói, ou não, ou o herói talvez se transforme em bandido e mate a mocinha, ou o bandido talvez se converta e salve a mocinha, ou pode acontecer que a mocinha mate o herói, sem querer, e afugente o bandido com uma bazuca... Muitas coisas diferentes, malucas e absurdas podem acontecer! Mas, aconteça o que acontecer, o filme vai terminar. Terá aquela cena e aquela outra, não terá aquela cena, não terá aquela outra, mas chegará ao fim.

No final, você verá que o filme tinha um roteiro. Roteiro em boa parte imprevisível, mas era um roteiro específico. Era aquele roteiro, e não outro. Pois bem, mas o que pensar então de todos os roteiros do filme que não aconteceram? Os roteiros que não aconteceram são os futuríveis do filme.

> **Ao olharmos para o futuro, e para o passado, podemos imaginar infindáveis futuríveis.**

Olhando para o passado, um futurível é aquilo que aconteceria caso outra coisa tivesse acontecido. Um futurível do passado como este, por exemplo: "se eu fosse o chefe naquele momento, eu teria tomado outra decisão, eu teria aberto nossa primeira filial na cidade X, e não na cidade Y". O roteiro teria sido outro. O filme teria tido outro encaminhamento, e outro desfecho. Mas o chefe era outro e a cidade X não foi escolhida. Aquele futurível da cidade Y, portanto, é simplesmente um futurível.

Olhando para o futuro, um futurível é aquilo que pode acontecer caso outra coisa aconteça. Um futurível do futuro, por exemplo: "se eu ganhar 500 mil reais na Mega-Sena, terei a suficiente tranquilidade para investir corretamente e me tornar milionário em seis meses". O roteiro da minha vida será outro. O filme terá outro encaminhamento, e outro desfecho. Mas... provavelmente você jamais ganhará esse dinheiro na Mega-Sena (sobretudo se não jogar na Mega-Sena!). Esse futurível é simplesmente um futurível a mais.

> **Há quem negue os futuríveis e desqualifique os que pensam em futuríveis.**

Para que perder tempo com isso, refletem as pessoas sensatas e prudentes, se, no final das contas, os futuríveis não são, não foram, e é quase certo que nunca serão? Por que ficar imaginando um outro filme para o passado se o único filme que de fato aconteceu foi esse que acabou de ser visto por nós? Ou... por que ficar imaginando um outro filme para o futuro se nesse filme você será um figurante a mais, um ator desconhecido no meio de uma multidão, obedecendo às ordens de um roteirista invisível?

Parece que pensar nos futuríveis do passado é perda de tempo. Parece que pensar nos futuríveis do futuro é perda de foco. Nosso lado pragmático recomenda uma ação rápida, sem contemplações: amarre a imaginação, aplique um sedativo, prenda-a no porão. No passado, a imaginação recebia uma designação nada elogiosa — era "a louca da casa". Ficar pensando nos futuríveis é loucura. Prendam a louca! Camisa de força nela! Sedativo nela!

> **Contudo, os futuríveis nos ensinam duas coisas fundamentais: o valor da liberdade e o poder da criatividade.**

Com relação à perigosa palavra "poder", o grande historiador Arnold Toynbee, em seu livro *A sociedade do futuro* (1971), ponderava que só busca o poder pelo poder quem não se regenera (no sentido cristão) ou quem não se extingue (no sentido budista). Tirando esses dois casos, damos vazão ao nosso egocentrismo exercendo o poder com as consequências que já conhecemos de obstrução da liberdade dos indivíduos.

Os futuríveis são uma brecha em nossa lógica fatalista, em nosso comodismo rotineiro, e em nossas certezas de grandes estrategistas empresariais, cujo poder é exercido em prejuízo, por vezes, daquele mesmo que assumiu as rédeas de tudo.

> **Os futuríveis permitem mudanças de visão e de comportamento.**

Tudo bem, eu não era o chefe naquela época e, portanto, não tinha como tomar a decisão de abrir a filial na cidade X. Mas esse futurível do passado pode ser inspiração para o futuro. Talvez eu nunca venha a ser um chefe que possa decidir sobre a abertura de uma filial. Mas... nada impede que eu me veja em circunstâncias similares, e tenha de exercer o poder criativo (que em princípio promove a liberdade de todos), tomando decisões tão ou mais relevantes, com a colaboração e anuência de meus parceiros.

Em outras palavras, pensar os futuríveis pode ser, à primeira vista, um exercício "inútil", "louco", "insano". Pode ser, aos olhos das pessoas pragmáticas, experientes, prudentes — pode ser perda de tempo, perda de orientação, falta do que fazer. Mas pode ser também preparação para o roteiro de um novo filme do futuro.

○ **Um futuro que minha liberdade ajudará a criar.**

AS PALAVRAS-CHAVE SÃO

- Teologia
- Determinismo
- Liberdade
- Decisão
- Imaginação
- Criatividade

◉ FUTUROLOGIA

"Nunca me atrevo a prever o futuro."

MANUEL CASTELLS

Não há deuses nas empresas. Ninguém tem a onisciência necessária para saber com total segurança o que vai acontecer. As pessoas, por mais conhecimento e autoridade que tenham, podem arriscar uns palpites. Nas reuniões sempre surgem bons palpites. E os palpiteiros mais talentosos e ousados até conseguem acertar na previsão de alguns futuros necessários, sempre que haja fatos e sinais suficientes para apoiar suas apostas.

◯ Sim, é possível prever... o previsível.

A experiência ajuda a prever algumas cenas do filme a que estamos assistindo, ou alguns lances da partida de xadrez que estamos jogando. Já vimos muitos filmes e, nos roteiros, algumas soluções reaparecem, alguns diálogos se repetem, alguns erros se cometem uma e outra vez. Roteiros e rotinas...

Também já participamos de muitas partidas de xadrez, e vemos posições semelhantes se repetirem; quem estuda este jogo sabe que existem lances mais ou menos obrigatórios, ciladas clássicas, táticas e estratégias que os mestres recomendam porque têm grande chance de levar à vitória.

◯ Podemos, portanto, ler o futuro?

Podemos, dentro de certos limites, fazer futurologia?

Numa postagem datada de abril de 2009, num dos tantos blogs que existem na rede, li a seguinte "profecia":

> Para mim, Amy Winehouse é um dos maiores talentos da atualidade. É uma pena que as drogas estejam destruindo essa artista. Sem querer ser pessimista, não é preciso ser profeta para prever que o instinto destrutivo de Amy talvez acabe, de forma precoce, com uma carreira formidável que está apenas começando.

Dois anos se passaram. Amy faleceu em julho de 2011. O "profeta" acima teve o cuidado de usar o advérbio "talvez". Não queria ser pessimista e não desejava o pior. Ainda alimentava esperanças de que a cantora tomasse decisões construtivas e mudasse o rumo de uma história que, infelizmente, terminou cedo e mal.

Todos nós podemos prever o futuro... até certo ponto.

Leio em outro blog:

> Não é preciso ser profeta para dizer que terá sérios problemas para desenvolver-se a empresa que, venerando o próprio umbigo, preocupada apenas com seus processos internos, ignore a presença agressiva de outras empresas no mesmo segmento de mercado.

Numa postagem datada de 2007, em outro blog, outro texto "profético":

> Não é preciso ser profeta, às vésperas de mais uma edição dos Jogos Olímpicos, para saber que esse extraordinário evento esportivo atrairá a atenção de bilhões de pessoas e ocupará as manchetes esportivas do mundo todo.

O escritor Carlos Heitor Cony, numa crônica (*Gazeta do Povo*, 21/08/2008) sobre as eleições para prefeito na cidade do

Rio de Janeiro, escreveu sobre a realidade que encontrariam os futuros candidatos:

> Não é preciso ser profeta para prever as dificuldades que encontrarão no dia a dia da administração. Desde os tempos de Estácio de Sá — que morreu envenenado por uma seta de índios que habitavam nossas bandas — o Rio tem problemas e mistérios que resistem ao tempo e às boas intenções.

Por conhecer os efeitos destruidores das drogas e do álcool, posso prever a morte de um usuário. Por conhecer a história das Olimpíadas, e sabendo que os esportes são um tema atraente para as pessoas no mundo inteiro, posso prever o impacto que terá no cotidiano de muitos países e a repercussão que encontrará na mídia. Por conhecer a história da cidade do Rio de Janeiro, posso prever as dificuldades que o novo prefeito enfrentará.

Quando conhecemos os acontecimentos passados, quando temos consciência de certos fatos recorrentes, de certas leis da história, é possível fazer futurologia. Perguntaram a um empresário com muitos anos de vida e larga experiência profissional se ele gostaria de conhecer o futuro. Sua resposta foi fulminante: "Não, o futuro é parecido demais com o passado".

Futurologia é o "estudo do futuro" ou a "ciência do futuro", duas expressões que alguns pensadores consideram ilusórias e perigosas. Como podemos estudar um objeto que não está aqui? Como podemos fazer ciência de coisas desconhecidas?

A palavra "futurologia" lembraria bolas de cristal, em cuja superfície misteriosa o vidente distingue figuras representando fatos futuros. Futurologia poderia parecer tão científica quanto a astrologia. O futurólogo seria uma espécie de mágico que vê, num futuro fixo, congelado, o que vai acontecer necessariamente.

Olhando a formação da palavra "futurologia", o elemento de composição "-logia" seria, portanto, inadequado e enganador, ao colocar esse estudo (inviável) do futuro no mesmo patamar de estudos razoáveis como a otologia (que estuda a anatomia e patologia da orelha humana) ou a asiologia (que estuda o continente asiático). Mesmo que esteja filiada ao "clube" do *lógos*, mesmo que carregue um nome pomposo, e converse de igual para a igual com a hidrologia e a neurologia, a futurologia deveria, se fôssemos mais rigorosos... deveria ser acusada de pseudociência e expulsa do recinto a pontapés.

"Prospecção do futuro", enfatizando a ideia de "tentativa" de descobrir alguns aspectos da realidade futura, seria expressão mais adequada do que "futurologia". De fato, não existe um especialista em futurologia, no mesmo sentido em que existe um egiptólogo ou um oceanólogo.

Quem pratica a futurologia precisa trabalhar com vários temas entrecruzados, frequentar diferentes campos de pesquisa, para então desenhar um prognóstico, esboçar um provável desenvolvimento futuro de uma instituição, de uma sociedade, de um país, de um povo, de um regime político, de uma ideologia, de uma religião, etc. A futurologia é uma "ciência" multidisciplinar e... indefinida por definição.

O futurólogo seria um ensaísta do futuro? Alguns preferem essa expressão. Há muito de tentativa e de intuição na prática da futurologia. A palavra "ensaio" permitirá que erros sejam cometidos, sem traumas. Um ensaio é sempre uma pré-estreia. Mais do que ciência, e menos do que uma atividade clandestina... ler o futuro seria, portanto, uma arte.

É nessas horas que nos faltam palavras novas. Que tal "futuristória"? Se o historiador escreve sobre o passado (com muitas lacunas, sem ser onisciente, nem sempre acertando), o futuristoriador escreveria sobre o futuro (e para criar o futuro), sem a necessidade de poderes divinos.

Quando pensamos no tema da inovação e, mais concretamente, em novos produtos e novas ideias, é necessário fazer futurologia.

Pensemos nas necessidades do futuro, pensemos em fontes alternativas de energia, em tecnologias mais eficazes para despoluir os rios, em planos para recriar a mobilidade nas metrópoles intransitáveis, em novos mecanismos de busca que a internet precisa incorporar, em métodos de ensino mais atraentes para os jovens e para os adultos, em tratamentos médicos que aproveitem os avanços da tecnologia (como os da nanotecnologia) e os resgates de tratamentos tradicionais/alternativos (como a homeopatia e a acupuntura) — pensemos em todos esses campos e em centenas de outros.

Será preciso antever cenários, prever objeções e resistências, aventar as principais dificuldades e as correspondentes soluções. Isso podemos chamar de futurologia profissional. E você pode praticá-la. Ou melhor: precisa praticá-la. Para sua inspiração, menciono um curioso livro futurístico, *Um dia na vida do século XXI*, de Arthur C. Clarke (de 1986), em que se descreve, num dos capítulos, o dia de um trabalhador do futuro, num escritório do futuro. O dia será 20 de julho de 2019.

É um escritório semelhante a qualquer outro do final do século XX, com a diferença (substancial) de que os trabalhos rotineiros são realizados por computadores e robôs. A informática e a bioeletrônica tornam possível livrar os seres humanos das tarefas burocráticas sem graça. As máquinas, com mais rapidez e eficiência, marcam as entrevistas, organizam os horários, cuidam dos arquivos, permitindo, assim, que os seres humanos se dediquem ao que de melhor podem fazer — lidar com o imprevisível, tomar decisões em situações complexas e fazer avaliações com base em poucas informações.

Todo o trabalho de segurança, recepção e secretariado é feito pelos computadores, devidamente programados pela mente humana, que foi capaz de fazer da sonhada inteligência artificial uma realidade comum.

Os computadores se comunicam com os humanos de modo... quase humano. Eles leem nossa mente. Praticamente não se usa mais papel na vida profissional. Foi possível recuperar extensas áreas verdes no planeta. A mobília é virtual. Cada um decora o espaço com as imagens que deseja — custo zero e mais economia de madeira.

Reuniões presenciais são bem-vindas, mas se não for possível que todos estejam fisicamente ali, são realizadas teleconferências, como, aliás, já se faziam na década de 1980. A diferença é que em 2019 a tecnologia tornou-as tão reais que mal se percebe que são virtuais.

Empresas com mais recursos adotaram as holoconferências. A imagem de uma pessoa é captada por um equipamento e enviada a outro escritório, onde conversam então, frente a frente, em três dimensões e em cores.

As empresas ainda mais ricas dispõem de escritórios "tradicionais". Pelo desejo mesmo de cultivar a elegância, com ares de passado. Usam menos computadores. Preferem mobília real. E secretárias humanas. Tais escritórios são considerados os mais luxuosos no mundo dos negócios de 2019...

Surgirão novas atividades e novas profissões? Isso acontecerá, sem dúvida. Mas que atividades e profissões estão prestes a surgir?

Já vimos que há uma diferença entre "algo que acontecerá" e "algo que está para acontecer". Não é preciso ser profeta para saber que o futuro será o futuro, seja lá qual for! Mas é preciso ser mais do que um profeta para antecipar-se a algo que ainda vai despontar no horizonte.

Não é preciso ser profeta para adivinhar um futuro linear. Se uma pessoa começa a consumir *crack* e não há indícios de que vai parar, a linha reta é uma linha de colisão. Podemos prever o fim da história.

Tampouco é preciso ser profeta para saber o que vai acontecer com a vida financeira de uma pessoa "viciada" em empréstimos, cujos gastos são maiores do que seus ganhos. Se não houver mudanças significativas no modo de agir, se não houver formas de aumentar os ganhos, diminuir os gastos e renegociar as dívidas, o futuro linear dessa pessoa é fácil prever. E não será um final muito feliz...

Em que medida é possível ver algumas profissões já a caminho da extinção e outras começando a nascer?

Quem se maravilhava, na década de 1980, com os ícones, janelas e *mouse* do Macintosh de Steve Jobs jamais poderia imaginar o surgimento de profissões como as de *web designer*, *web developer* e *webmaster*... pelo simples motivo de que a *web* só se tornou realidade no mundo do trabalho a partir da década seguinte. E hoje essas profissões começam a sair de moda, ou já experimentam mudanças significativas, tendo em vista novas janelas, novos ícones, novas exigências e novos contextos. Precisamos ser profetas para perceber isso? Já não precisamos ser profetas para falar em web.3, mas quem reúne condições, hoje, para pensar na web.4, ou na web.5?

Não era preciso ser um profeta (ou era?) para ver, em passado mais ou menos distante, o futuro linear de profissões como as de alfaiate, lambe-lambe, acendedor de lampião, entregador de leite, telegrafista, datilógrafo, chapeleiro, parteira, sineiro...

No momento em que se verificam progressos materiais, descobertas científicas, novas configurações sociais, novas soluções comerciais, etc., as profissões desaparecem, ou se metamorfoseiam radicalmente.

E hoje? Teremos condições, hoje, de antecipar, num possível futuro linear, o destino de profissões como bancário, advogado, médico, psicólogo, professor, contador, carteiro, tradutor, açougueiro, barbeiro, engenheiro e muitas outras?

Por outro lado, novas profissões (ou ocupações, ou atividades) surgiram há pouco, ou estão surgindo agora, ou são mutações de atividades já existentes. Fala-se hoje (estamos na Idade Mídia!) em analistas de redes sociais e em analistas de mídias sociais. Surgiu o caçador de tendências, que viaja, circula por diferentes cidades e países, investiga modos de ser, estilos, valores emergentes, desejos de consumo, transformando informações em indicações valiosas para a indústria da moda.

A lista é grande: gestor ambiental, turismólogo, criador de *games*, programador de tecnologias móveis, ludomotricista, psicólogo do trânsito, tatuador, *personal trainer*, grafiteiro, decorador de festas infantis, locador de animais para lazer, contador de histórias...

Novas atividades, por vezes, não parecem suscetíveis de profissionalização. Já podemos, por exemplo, afirmar que ser blogueiro é uma profissão? A palavra "blogueiro" é recente. Foi incorporada pelos nossos dicionários em 2004. De fato, naquela altura já havia bastante gente atuando em blogs, e eventualmente ganhando algum tipo de remuneração com a atividade. Muitos jornalistas contratados por grandes jornais alimentam seus blogs diariamente e têm mais agilidade para comentar o que está acontecendo neste exato momento, sem precisarem esperar a revisão do copidesque e o trabalho das rotativas...

Em virtude das recentes mudanças do panorama tecnológico e socioeconômico, no Brasil e no mundo, vemos profissões que, nascidas no século passado (e algumas muito mais antigas), ganharam fôlego renovado.

A gerontologia é um exemplo. Desde meados do século XX, há estudos sistemáticos dos fenômenos fisiológicos, psicológicos e sociais relacionados ao envelhecimento humano, mas esses estudos adquiriram nos últimos anos uma relevância crescente, graças à nossa maior expectativa de vida.

Outro exemplo de profissão que ressuscita: a biblioteconomia. Com o aumento inimaginável da informação disponível (e a informação é o nervo de qualquer empreendimento coletivo ou pessoal), com os avanços tecnológicos difundindo essa informação de modo quase incontrolável, o próprio nome dessa profissão precisa ser repensado. Não se trata mais de organizar livros e documentos, mas de criar formas de sistematizar, disseminar e democratizar o dilúvio de informações.

Consulte a Classificação Brasileira de Ocupações. Lá, você não encontrará a profissão de futurólogo, embora dessa lista constem, para ficarmos apenas com os artistas de circo, profissionais como o faquir, o homem-bala, o comedor de espada, o pirofagista e o atirador de facas. O futurólogo ainda precisará atirar muitas facas e comer muitas espadas para ser reconhecido!

Provavelmente, a futurologia nem é uma ciência, nem uma profissão, nem uma especialidade. Quem pratica essa arte de especular sobre o futuro dedica-se a antecipar revoluções sociais, imaginar possíveis mutações genéticas da humanidade, conjecturar sobre novas formas de viver em comunidade e sobre centenas de outras situações que podem ou não acontecer.

O maior desafio da futurologia é trabalhar sobre os futuros livres e não lineares. Pois são esses os futuros que nos interessam principalmente. Os futuros criativos e inovativos.

Nas próximas páginas, voltaremos a falar sobre futurologia e a fazer alguns exercícios futurológicos. Reconhecida ou não pelo Ministério do Trabalho, trata-se de atividade fundamental para cuidarmos do nosso futuro pessoal e profissional, do futuro de nossa família e de nossa empresa, bem como de futuros mais amplos, como o futuro do Brasil e do mundo.

AS
PALAVRAS-CHAVE
SÃO

- Previsão
- Tecnologia
- Profissões
- Profecia
- Inovação
- Brasil

FUTURISMO E EMPREENDEDORISMO

"Empreendedorismo é comportamento,
e não traço da personalidade."
PETER DRUCKER

Ser empreendedor é ter metas não realistas. Explico. As metas realistas e sensatas são aquelas que já se provaram atingíveis no passado. Se eu sou um palestrante e estabeleço para o próximo ano atingir a meta sensata e razoável de 5% a mais de palestras do que fiz no ano que está terminando, é bem possível que consiga alcançá-la. Digamos que no ano passado eu ministrei 100 palestras. Estabeleço então a meta de fazer 5% a mais de palestras no ano que vem. No ano que vem quero ministrar 105 palestras. Eis uma meta razoável, sensata, atingível.

Mas não serei um palestrante empreendedor.
E um palestrante assim não tem futuro.

A relação entre futuro e empreendedorismo chama para a nossa reflexão um outro conceito. O conceito de "futurismo". Que é um conceito estético. Um conceito que se rebela contra os provincianismos da alma.

Uma alma provinciana tem medo do futuro. Tem visão estreita. Tem hábitos arraigados. Tem organização rígida. Tem controles mesquinhos. Vangloria-se do atraso como se fosse uma virtude. Tem procedimentos paroquiais, limitados, lentos, burocráticos. Tem métodos tão consolidados que chegam a estar mumificados. Desconfia da tecnologia, e a designa com um nome bem ultrapassado: "parafernália". Tem apreço pela hierarquia inflexível. Perde tempo de ação explicando, ponto por ponto, por que não pode agir neste momento...

Um profissional provinciano rechaça as críticas e as provocações. Tem medo da imaginação. Mais do que paradigmas, cultiva paradogmas! Tem receio do "mundo lá fora", porque criou para si um mundinho confortável e invulnerável. Evita conhecer e, sobretudo, associar-se a pessoas talentosas. Evita expor-se aos ventos e tempestades. (E está certo... porque as tempestades podem matar!)

Um exemplo de mentalidade provinciana foi denunciado pelo humorista Danilo Gentili. Numa entrevista, ele contou que, trabalhando num canal de TV, recebeu, de outra emissora, convite para participar de um programa concorrente. E a emissora não liberou. Na sua opinião, é "muito errado proibir um funcionário de dar entrevista em outra emissora; é muito provinciano". E é mesmo. A "outra" emissora (com mais audiência, diga-se de passagem) acabaria fazendo propaganda da sua rival ao entrevistar Danilo. O que haveria de especialmente errado nisso? Concorrentes não podem, eventualmente, atuar juntos em nome do entretenimento, da arte, da informação? Onde fica o velho clichê da metodologia do "ganha-ganha"?

Outro exemplo de tradição provinciana na mídia é não repercutir informações publicadas pela concorrência. O jornalista Mino Carta, a respeito desse "pseudojornalismo arcaico", costuma dizer em tom de brincadeira que não há repercussão, "mesmo que se trate do assassinato do arquiduque, príncipe herdeiro"!

O provincianismo, quando planeja, planeja de modo linear e previsível. Planeja dar um salto pequeno de hoje para amanhã, porque, para usar um provérbio bem caipira (e sensato, matematicamente sensato, não há a menor dúvida!), é de grão em grão que a galinha enche o papo. E, para completar, não se deve matar a galinha dos ovos de ouro. E, de mais a mais, galinha velha é que dá bom caldo...

Ideias, imagens e frases novas têm a ver com novos desafios, e novos desafios tiram o sono de qualquer mortal. Um empreendedor gosta de desafios, mas não se deixa vencer pela aflição natural que os desafios podem provocar. Aprende a dominar a ansiedade e a dormir abraçado com o desafio. No dia seguinte, acorda cedo, toma um belo café da manhã e continua sua luta.

Mas existe uma fórmula ainda melhor para dormir um sono só. Uma fórmula infalível para um sono tranquilo e em confortável posição de quase defunto. A fórmula provinciana de, todo santo dia, religiosamente, evitar desafios. Evitar problemas, a qualquer preço. Evitar qualquer meta insensata.

> **O provincianismo é mestre em reduzir expectativas e minimizar oportunidades.**

O futurismo do italiano Filippo Marinetti no início do século XX produziu grande impacto em todas as artes. Inicialmente, em 1909, pela ótica de Marinetti, o movimento deveria ser essencialmente poético. Mas o movimento ganhou vida própria e entusiasmou romancistas, pintores, escultores, fotógrafos, arquitetos, dramaturgos, músicos, cineastas, dançarinos...

O que nos interessa destacar no futurismo é o seu impulso inventivo e sua disposição para agir. E agir em várias frentes simultaneamente.

Os criadores futuristas geralmente praticavam várias artes ao mesmo tempo. O pintor era também poeta e dramaturgo. O poeta era também cineasta e músico. Oswald de Andrade bebeu desse espírito e criou no Brasil um futurismo tropicalista, indígena, antropofágico. Ele próprio, na linha dos talentos múltiplos, atuou como poeta, romancista, dramaturgo, ensaísta, professor e político. Não tinha receio das superposições.

O empreendedor futurista não se assusta com a multiplicidade de talentos que possui.

Conheço um professor universitário que acumula várias atividades, e as realiza com igual intensidade. Além de professor universitário, é livreiro, é diretor cultural do clube que frequenta, organiza torneios de xadrez noutro clube, atua como líder religioso em sua comunidade e toca seu cavaquinho num grupo de amigos. Seu foco é multifocal.

O futurismo não tinha medo da máquina, do movimento, da velocidade. Cultuava a técnica e a ciência. Gostava da cidade moderna. Gostava do barulho da máquina, da luz elétrica, das cores vivas. Caiu no exagero de fazer a apologia da agressividade, do militarismo e da guerra.

Mas o que podemos aproveitar em suas contradições é a coragem de aceitar como um fato inspirador as transformações vertiginosas pelas quais o mundo estava passando. O século XIX chegara ao fim. O futurismo, com certa dose de ingenuidade, só queria saber do futuro. Repudiava os valores do passado, a ética embolorada, a estética antiga, aquela poesia que se deleitava com as estrelas silenciosas, os cemitérios melancólicos e outras angústias de fim de século.

Havia, além de certa ingenuidade, um quê de arrogância no futurismo, defeito típico, aliás, das propostas revolucionárias. Também os empreendedores costumam ser acusados de arrogantes. E com razão. Porque o são. O que o provinciano tem de modesto, cordato e ordeiro, o futurista tem de arrogante e anárquico. Precisaremos dar boas doses de humildade ao empreendedor. A própria vida, com suas rasteiras, se encarregará de jogar o empreendedor ao chão umas tantas vezes.

Por outro lado, precisamos aplicar doses cavalares de ousadia e "loucura" na veia do provinciano. Para que ele supere essa mesmice crônica. Para que se torne um pouco mais arrojado.

Segundo os valores, ambições e credos futuristas, temos de ir além do nosso mundinho. O artista precisa sair do seu ateliê, do ambiente rarefeito do museu, e ganhar as ruas. E, nas ruas, encontrar o novo.

O futurista sente repulsa dos temas envelhecidos, das abordagens com excessiva reverência pelo antigo. Opõe o futurismo ao passadismo. Opõe sua paixão motivadora aos êxtases estáticos. O futurista quer "ficar de olho na vida do nosso tempo", como dizia o pintor e escultor italiano Umberto Boccioni, um dos maiores representantes da vanguarda futurista, autor da escultura abaixo:

Formas únicas de continuidade no espaço (1913)

O futurista não escondia a sua "modernolatria". Tinha idolatria pelas coisas novas e originais. Desarticulava os métodos aprovados, as rotinas garantidas. O que se refletia, em termos de linguagem, na quebra da sintaxe. Fazia isso porque desejava libertar as palavras da retórica ultrapassada. Queria abrir-se para o movimento, para o progresso, para o amanhã. Para uma nova forma de dizer as coisas.

Um empreendedor é futurista, na medida em que inverte o caminho do planejamento. Não planeja de hoje para amanhã, mas de amanhã para hoje. Visita o futuro, investiga futuríveis, imagina mudanças, arrisca possibilidades, antecipa contextos e desejos. E começa a trabalhar, cheio de energia, no momento presente, inspirado por uma visão criativa, sem as garantias conquistadas no passado.

É por essa razão que o empreendedor estabelece metas não razoáveis, um pouco assustadoras, mas realistas! Atraído e desafiado pelas quais, vai mais longe do que se poderia esperar. São metas futuristas.

O provinciano valoriza a contemplação imóvel... e não sai da cadeira; valoriza o estudo (cheio de prudência!) da jurisprudência; valoriza só o que já viu... e a cópia servil; valoriza a instrução passo a passo, e fica marcando passo; dá a vida por um formulário bem preenchido, de preferência com uma detalhada planilha de custos; cultua a experiência acumulada... congelada. Um empresário provinciano quer copiar procedimentos e arquivar sucessos bem conduzidos. Quer imitar o que viu e fazer igual. Talvez um pouco melhor, mas essencialmente igual. Porque quer, simplesmente, acertar. Porque quer ser feliz e moralmente aprovado por todos. Suas metas são provincianas.

Já o futurista prefere falar em surpresa, em erro criativo, em experimentação e em aprendizado canibalista. Oswald de Andrade desenvolveu essa ideia (que é uma ideia prática) da antropofagia como forma de viver, deglutindo o desafio, absorvendo a ameaça, devorando o estranho, incorporando o que vem de fora. No Manifesto Antropofágico que publicou em 1928, lançava a famosa frase: "*Tupi, or not tupi that is the question*", parodiando, canibalizando Shakespeare.

O que pode o empreendedor aprender com o futurismo, e com Oswald de Andrade, o nosso futurista tupiniquim?

A questão não é mais "ser ou não ser". Deglutimos Shakespeare e reinventamos a frase. Não mais "*to be*", porque agora é "tupi". Ser ou não ser "tupi"? Tupi tem a ver com o nosso Tupã, "pai altíssimo", e com "trovão", "poder", "vida", "selva". Temos de escolher o tempo presente, e aquilo que já foi, em outros tempos, futuro anunciado. O empreendedor futurista brasileiro precisa optar: tupi! Não ter vergonha de suas origens, de suas raízes e de sua história. Oswald de Andrade resumia tudo o que pensava sobre os desastres da colonização brasileira, ao definir Pedro Álvares Cabral com uma frase tão curta quanto irreverente: "o culpado de tudo".

Ir em busca de nossas raízes pode parecer uma contradição com o anseio de futuro. Mas não é. Voltar-se para as origens, no nosso caso, é recuperar o futuro prometido... e esquecido. É romper com o passadismo que nos colonizava.

Um empreendedor brasileiro precisa optar, primeiramente, pela realidade nacional. Pelas qualidades nacionais. Pelos talentos autóctones. O dramaturgo Nelson Rodrigues fazia um diagnóstico terrível e verdadeiro. Dizia ele que o brasileiro tinha "complexo de vira-lata". Muitos brasileiros ainda têm a sensação de serem filhos do nada, produtos do acaso, gente deseducada, fadada a viver em esquemas de escravidão disfarçados de empregos, habitando uma terra prometida que fica na promessa, um "país da grande véspera", como definiu Carlos Heitor Cony.

Conversaremos daqui a pouco sobre a antiga ideia do Brasil como "país do futuro". No momento, trata-se de reconhecer a identidade do empreendedorismo brasileiro. Entre a vida e a rigidez, escolher a vida. Entre a invenção e a análise, escolher a invenção. Entre a liberdade e a escravidão, escolher a liberdade.

Em outro manifesto inspirado pelo futurismo, quatro anos antes de lançar o Antropofágico, Oswald de Andrade foi em busca do Brasil. O documento se chamou Manifesto Pau-Brasil. E não por menos! Era a procura da nossa matéria-prima. Do nosso nome abrasante, brasileiro.

E nesse manifesto fez um elogio ao que é nosso. Ao carnaval, à riqueza vegetal, ao nosso minério, à nossa cozinha, à nossa dança. Criticava o desejo provinciano de "falar difícil". E, em lugar do difícil, do empolado, propunha a agilidade. O teatro ágil, o romance ágil, a poesia ágil. Ágeis como uma criança. O falar como falamos, sem perfeccionismos. O falar como somos. "A contribuição milionária de todos os erros." Ver com os olhos, e não com as visões autorizadas. Ser práticos. Ser experimentais. Ser poetas. Sem recorrer, medrosamente, às "comparações de apoio".

O empreendedorismo brasileiro tem suas próprias características. Há estudos clássicos sobre empresas (na verdade, estamos falando de pessoas...) inovadoras no país, que em dado momento deram mostras de nossa inventividade, aceitando, sem complexos, a realidade nacional, uma realidade repleta de carências... e prenhe de inúmeras possibilidades.

A Gol é um exemplo clássico, sempre citado. A empresa de aviação que realizou um verdadeiro trabalho de inclusão social, ensinando os "sem avião" a contar com essa possibilidade. Outro exemplo clássico, as Casas Bahia, que tornaram acessível o consumo de bens que os "sem crédito" sonhavam adquirir. E você poderá lembrar dezenas de outras empresas, como Magazine Luiza, o site Submarino, o Grupo Pão de Açúcar, as Havaianas, a Climatempo, etc.

Exemplo recente é o do site Estante Virtual, criado em 2005, referência e caminho na internet nacional para aquisição do livro de sebo, do livro raro, do livro esgotado, ou do livro seminovo e mais barato, ou mesmo do livro novo (contradição fantástica um livro novo ser vendido por um sebo, pelo mesmo preço da livraria!), em qualquer parte do país, com agilidade ímpar.

O criador desse site, André Garcia, também fez um trabalho de inclusão. Inclusão em duas direções. Trouxe para o comércio eletrônico a grande maioria dos sebos brasileiros, sem estrutura para criar suas próprias lojas virtuais, e, na outra direção, orientou, para todos esses sebos, milhares e milhares de pessoas interessadas em ler, em pesquisar, em montar bibliotecas, que não tinham acesso a esse mundo de possibilidades. Em 2010, o Estante reunia mais de 1.800 sebos e livreiros, contava com 750 mil leitores cadastrados e oferecia sete milhões de livros *on-line*, além de acesso a outros 25 milhões no acervo total dos sebos.

Revistas, livros e sites especializados trazem constantemente matérias sobre novos empreendedores brasileiros que baseiam sua prática, por intuição, em alguns valores que o futurismo defendia no campo da arte, e que você também pode concretizar em sua ação cotidiana.

AS
PALAVRAS-CHAVE
SÃO

- Empreendedorismo
- Provincianismo
- Arte
- Antropofagia
- Invenção
- Brasil

UM PAÍS DO FUTURO

"O Brasil voltou a trilhar o caminho do futuro."
MARSHALL EAKIN

Considerado o mais famoso de todos os textos que já se escreveram sobre o Brasil, *Brasilien, ein Land der Zukunft*, do escritor austríaco Stefan Zweig, acabou se tornando uma espécie de eterna profecia. O Brasil como país do futuro, desde 1941, quando esta obra foi publicada.

Uma importante observação, porém, é preciso fazer antes de qualquer outra consideração. O livro, escrito em alemão, possuía um artigo indefinido no seu título — *ein* —, deixando claro que não se tratava do único país do futuro que existia. Zweig nos via como *um* país do futuro entre outros. Na primeira edição brasileira, no entanto, traduziu-se o título sem o artigo: *Brasil, país do futuro*. Aliás, o título em francês também não trazia essa pequena mas decisiva partícula: *Le Brésil, terre d'avenir*. O título em espanhol cometeu o mesmo erro: *Brasil: país de futuro*.

> Há uma diferença enorme entre ser *um* país do futuro e ser o país do futuro por excelência.

Pensando bem, todos os países são países do futuro, na medida em que têm futuro. Ser um entre eles não acarreta grandes responsabilidades. Mas ser *o país do futuro*, especialmente naquela hora, em plena Segunda Guerra Mundial, quando a sobrevivência da Europa, e talvez do mundo, estava ameaçada pela morte coletiva, talvez esse equívoco tradutório possa ter deformado a nossa autoimagem nacional.

O que significa viver e trabalhar no país onde o futuro resolveu morar... para sempre? Como dar andamento ao nosso futuro tendo como plateia os outros países? Se tínhamos sido eleitos o país do futuro, como seria esse futuro? Certamente brilhante?

Várias passagens desse livro, retraduzido em 2006, e agora com o artigo indefinido no seu devido lugar — *Brasil, um país do futuro* —, desenharam um porvir para o Brasil. Concordemos ou não com a visão de Zweig, o fundamental é entender o que ele via e como interpretava o que via.

Em síntese, para o autor, o Brasil era um país pacífico, ainda no começo de sua história civilizatória. Era um país destinado, por suas características, a ser um dos mais importantes fatores do desenvolvimento futuro do mundo. Era "reserva do mundo para o futuro", pela riqueza do solo... e do seu subsolo. Havia lugar de sobra para inúmeros habitantes. Havia lugar de sobra para o cultivo no solo e para a extração de tesouros subterrâneos.

Zweig observava que ainda seria preciso enfrentar o problema da saúde (assustava-o a quantidade de moscas, mosquitos e outros transmissores de doenças). Chamava-lhe a atenção a quantidade de tuberculosos e leprosos entre nós. Ficava intrigado com a alimentação deficiente da população, sobretudo ao norte do país, levando em conta a nossa "fartura de alimentos". Acreditava, porém, que o governo (naquela altura, o Brasil vivia sob a ditadura de Getúlio Vargas) estava atento a tudo isso, e que essa situação seria superada.

Com uma argumentação curiosa, Zweig afirmava que a extensão territorial brasileira era uma força psíquica nada desprezível. O espaço dilata a alma, infunde confiança, empurra um povo para o futuro. Mas ao mesmo tempo via entre nós uma imensa parcela da população brasileira sem ocupação, ou sem ocupação definida, incapaz de produzir e de consumir. Mencionava um número espantoso: 25 milhões de brasileiros à margem da vida econômica.

Gente subaproveitada num espaço excessivamente vasto. O autor não hesitou em escrever que o país sofria de anemia.

Ao mesmo tempo, elogiava os avanços dos meios de transporte e outras iniciativas. Elogiava o trabalho do governo Vargas. O Brasil anêmico reagia. As cidades começavam a crescer mais velozmente. O país aprendia a pensar nas dimensões do futuro. Aqui, naquele momento, era possível escutar o ruflar vigoroso das "asas do futuro".

Para Zweig, enquanto a Europa olhava para o passado, cabia ao Brasil voltar-se para o futuro. Era preciso, no entanto, incluir na vida do trabalho, da produção e do consumo uma grande multidão, energia viva mal aproveitada, possibilidades e talentos desperdiçados. E outra captação interessante. Ficou impressionado com a paixão popular pelo jogo do bicho, com a qual, sonhando com o enriquecimento súbito, o brasileiro compensava sua falta em "avidez", palavra que poderíamos substituir por "ânsia de produzir riquezas".

A Europa tem mais tradição do que futuro, e o Brasil, mais porvir do que passado. Faltava ao Brasil o que sobrava na Europa: museus, bibliotecas, acesso ao ensino. Em contrapartida, por haver mais futuro aqui, em nossas terras, as pessoas seriam menos tensas, menos propensas à violência que corria solta na Europa do século XX, palco, naquele momento, de conflitos que contradiziam tudo o que havia de nobre e elevado nas artes e na filosofia do Velho Mundo. A Europa mais parecia o cemitério do futuro.

E no Brasil havia as cidades em crescimento, especialmente Rio de Janeiro e São Paulo. O nome da cidade de "Belo Horizonte" agradava ao refinado autor europeu, confirmando sua ideia de que no Brasil havia novos horizontes para ele, e para o mundo. Sobrevoando o Norte do país, e vendo as florestas virgens e tantos rios, e lembrando a Europa às voltas com tanques de guerra e bombardeios, pensava de novo na ideia de "reserva" mundial. A reserva brasileira de terra e paz no futuro.

Vale a pena ler o livro de Zweig para entender o Brasil, tentando descobrir o que ainda temos de passado em nossos avanços futuristas.

Passados 60 anos, em fins de 2001, o professor Ênio Resende publicou uma espécie de livro-resposta à obra de Zweig. Com o título *Chega de ser o "país do futuro": novos paradigmas para resolver o Brasil*, manifestava sua preocupação com o país e com um mundo que acabava de assistir, com a imediatez e a repetitividade próprias da Idade Mídia, aos atentados de 11 de setembro.

Professor Ênio fazia ver que, no Brasil do século XXI, as empresas pareciam finalmente ter aderido a ideias óbvias como a importância da qualidade dos produtos e serviços, a satisfação dos clientes e a necessidade de um contínuo aperfeiçoamento das pessoas e das organizações. E que essas ideias teriam de ser adotadas por todos, também no âmbito da sociedade civil. Somente assim, naquele momento decisivo, seria possível vencer o perigo do desânimo, do retrocesso, e ao mesmo tempo transformar em realidade o "prometido país do futuro".

Estávamos ingressando num novo milênio. O Brasil continuava sendo, eternamente... o país do futuro. Apesar dos avanços políticos, apesar da modernização, ainda era preciso, segundo o autor, operar mudanças importantes, na maneira de encarar o futuro, de governar o país, de viver a cidadania, de tratar as questões éticas, de gerir melhor instituições públicas e privadas, de diminuir as desigualdades sociais, de denunciar e combater a corrupção, de formar adequadamente a opinião pública, de administrar crises (importadas ou fabricadas...), enfim — se as melhores empresas brasileiras tinham aprendido a amadurecer em longos períodos de crise econômica e política, em meio a tantas frustrações e desencantos, a tantos "apagões", durante as décadas de 1970-90, por que não aprenderíamos todos nós, como sociedade, como nação, a máxima que se tornara lugar-comum: "crise significa oportunidade"?

Para deixarmos de ser o país do futuro-que-nunca-se-concretiza, era necessário, afirmava Ênio Resende, nos desapegarmos de certo passado, desenvolvendo uma autêntica visão de futuro. Essa visão não pode ser imediatista. O imediatismo supera uma ligação exagerada ao passado, mas está ainda e tão somente voltado para o presente. O maior perigo do imediatismo consiste em recair na acomodação, caso os esforços de um minuto não produzam resultados rápidos.

Os desafios naquele início de milênio eram imensos. E muitos deles continuam em nosso horizonte (por exemplo: ainda temos 16 milhões de brasileiros vivendo na miséria). Problemático mesmo, no entanto, é não superar a esperança passiva. É não superar a sensação de fracasso, e sentir a vergonha das metas não alcançadas e a humilhação das dívidas jamais pagas. O autor desejava com seu livro que deixássemos de ser o "país do futuro longínquo" e nos tornássemos o "país do futuro próximo".

> **Esta aproximação do futuro requer da sociedade, e de cada indivíduo, autoconhecimento, autocrítica e fortalecimento dos pontos positivos.**

Pelo autoconhecimento, descobrimos duas coisas. Descobrimos o que nos tem amarrado ao passado, em forma de condutas sem futuro. E descobrimos as capacidades e potencialidades que podem nos desamarrar em direção ao futuro. Temos de analisar a personalidade e o caráter do brasileiro como povo, e do brasileiro que eu sou, do brasileiro ou da brasileira que você é.

Quanto aos pontos negativos — sonhamos em ganhar dinheiro de modo fácil (haja vista as filas das casas lotéricas), tendemos ao conformismo e à alienação política (situação que vem se modificando de 2001 para cá), desperdiçamos (água, alimentos, etc., apesar do ecologismo...), somos imediatistas, aceitamos os chavões e lugares-comuns (basta ouvir os diálogos das telenovelas e os marasmos linguísticos em reuniões de trabalho), temos muitos altos e baixos (somos dependentes dos resultados do futebol), lemos pouco (melhoras também nos últimos anos, embora modestas), demonstramos superficialidade em nossos modos de pensar e julgar (daí o riso fácil e a piada para tudo), muitas vezes desrespeitamos regras e leis (na sala de aula, no trânsito, em pequenas falcatruas, etc.).

Estes são alguns dos nossos traços negativos, pelo menos na visão do professor Ênio Resende.

Em compensação, temos várias habilidades muito positivas. Somos criativos (lembremos a variedade quase infinita de tipos de pizza) e divertidos, somos alegres, comunicativos, musicais, somos conversadores, otimistas (apesar dos pesares), trabalhadores e responsáveis (basta ver a quantidade de pessoas que acorda cedo e cumpre seus deveres profissionais), somos tolerantes (ainda que com surtos de intolerância), pacifistas (apesar dos surtos de violência), solidários e generosos.

> Diante desse espelho, o que diremos? O que faremos? Precisamos desenvolver uma visão de futuro.

Olhando para quem somos no presente, cientes do que podemos fazer e do que não devemos fazer mais, é sempre hora de desenhar o futuro. A visão de futuro se baseia numa escolha do melhor. Em nome dessa visão, realizaremos ações concretas, agora, reforçando os pontos positivos, combatendo os negativos. Estas ações dão início ao futuro. Juscelino Kubitschek dizia que "a melhor forma de apostar no futuro é fazê-lo brotar no presente". Não ocorrerão mudanças bruscas. Mas os resultados virão a médio e longo prazos.

> Concretamente, o que você, eu, o que podemos todos nós fazer para a melhoria do país?

Essa melhoria geral será resultado de melhorias em diferentes ambientes, serviços e atividades. A melhoria do ambiente na empresa contribui. A melhoria do ambiente político contribui. A melhoria do clima familiar contribui. A melhoria de nossas conversas contribui. A melhoria do ambiente estudantil contribui. A melhoria da programação da TV contribui. A melhoria de tudo o que escrevemos e postamos na internet contribui.

Contribuições, grandes e pequenas, mais ou menos significativas, se entrelaçam, conversam entre si. E vão gerando novos climas. Melhores climas sociais, institucionais, organizacionais, comerciais, familiares, educacionais, políticos, etc.

○ O país do futuro emerge desse entrelaçamento.

AS
PALAVRAS-CHAVE
SÃO

- Brasil
- Política
- Europa
- Passado
- Desafios
- Autoconhecimento

VER E PREVER O FUTURO

> "Não se fazem mais futuros como antigamente."
> MILLÔR FERNANDES

A visão do futuro é um ver para prever. Mas ainda outros verbos podem ser incluídos nessa sentença: "prover", "precaver", "prescrever", "proscrever", "promover" e "previver".

Em 2006, no livro *O Brasil tem futuro?*, o historiador Jaime Pinsky, reunindo artigos que escrevera em jornais desde o começo do novo milênio, não se detém na pergunta do título. O livro está carregado de outras tantas interrogações: somos um país sem caráter? Somos um país sem educação? Somos um país sem leitores? Somos um país sem cultura? Os bens culturais, em nosso país, são para todos? Somos um país sem igualdade? Somos um país sem lei? E a pergunta central, que retorna: somos um país sem futuro?

São perguntas provocadoras, em tom sério, preocupado. O autor quer saber se há quem ainda acredite que somos o país do futuro. Essa questão, porém, une-se a outra: que futuro queremos construir para o Brasil?

Havia uma resposta oficial, no Brasil dos anos 1800. O lema positivista, cientificista, da nossa bandeira — "Ordem e Progresso" —, expressa uma visão de futuro típica do século XIX europeu. A fórmula ampliada, com que Auguste Comte definia seu pensamento, um pensamento com ares de religião racional (com pretensões de substituir o cristianismo), lançava mão também da palavra "amor" — "o amor é o princípio, a ordem é a base, o progresso é a finalidade".

Há quem faça mudanças no lema, oferecendo outras frases como sugestão. Já vi algumas propostas como "Acordem e Progresso!" e "Educação é Progresso". Em clima de piada, encontrei esta: "Ordem ou Progresso", porque a ordem, no Brasil, não leva ao progresso e, quando temos progresso, é progresso desordenado. Na década de 1990, uma charge com a bandeira brasileira trazia outra frase, celebrando os avanços da internet: "Fax-modem e Progresso". Um grupo de samba mato-grossense-do-sul chegou talvez longe demais, ao propor numa de suas canções que, no país do Carnaval, melhor mesmo seria o lema "Samba e progresso".

O progresso como finalidade pressupõe uma visão do que se quer. Aonde queremos chegar, e por onde devemos ir? Vamos progredir em que ritmo? Que prioridades escolher para progredir melhor? O que temos de fazer para que esse progresso se concretize, respeitando valores e princípios, sem que ninguém seja atropelado por nossa ânsia de alcançar o sucesso?

> O saber leva ao prover. Prover é providenciar, é abastecer, e é investir. Este saber é um saber eminentemente prático.
> E é fundamental na vida profissional.

Uma boa reunião de trabalho necessita desse saber providente. A execução de nossos planos não se faz de modo atabalhoado. Quando contratamos um especialista para nos acompanhar em processos de crescimento, queremos ouvir o saber para tomar decisões. O que vamos fazer depende de um saber. Uma palestra motivacional é realmente motivacional se oferece um saber desse tipo. Motivação barata, vazia, imprime uma exaltação que se desmancha em 48 horas. Motivação barata (que se paga, às vezes, a peso de ouro) não tem futuro.

Em contrapartida, uma palestra que motiva profundamente fortalece nossa vontade de ver e fazer o melhor.

Prover também é investir. O melhor investimento consiste em valorizar as pessoas. Uma frase na bandeira, um *slogan* criativo, discursos empolgados em festinhas de confraternização podem irritar mais do que motivar. Investimento inteligente nasce do conhecimento. No entanto, fique bem claro: conhecimento que não é conhecimento da condição humana torna-se conhecimento desumano e, em última análise, contrário ao progresso.

É conhecida a história de Michael Haradom, criador da Fersol Indústria Química. A empresa tinha uma dívida de 10 milhões de dólares, em 1995. Depois de vários "pacotes, pacotinhos e pacotões" do governo, como brinca Haradom em entrevistas, a empresa chegara àquela situação desesperadora: estava economicamente morta, tecnicamente falida. O melhor a fazer era encerrar o negócio de vez, como aconselhavam os amigos.

Mas Haradom possuía um saber. Um saber que não se adquire num livro de autoajuda qualquer. Um saber que se expressa, hoje, no *slogan* da empresa: "Cultivando nossa terra e nossa gente". Haradom, presidente da empresa, reuniu-se com todos os funcionários. Expôs a situação com franqueza, não escondeu a realidade, não apresentou subterfúgios. A situação era grave. Mas estava disposto a ousar, se contasse com o empenho de todos. E para demonstrar sua disposição, duplicou os salários dos que ganhavam o piso. Estabeleceu-se um compromisso geral. Uma política agressiva de aumentos salariais prosseguiria, sempre prestigiando os que estivessem ganhando menos. Os diretores só receberiam aumento quando a remuneração dos que trabalhavam no chão de fábrica chegasse a um décimo do salário de diretor.

Contudo, aumento salarial é apenas uma parte do "cultivo de gente". Haradom pediu que todos se preparassem melhor para fazer mais. Que todos estudassem, que todos concluíssem o então chamado segundo grau (o ensino médio de hoje). Era um duplo investimento: salarial e educacional. Houve quem pedisse as contas. Muitos permaneceram, aceitaram o desafio. A empresa já não era o empreendimento do seu dono, apenas. Nascia ali uma empresa que compartilhava problemas e exigia, para sua sobrevivência futura, o compromisso de todos.

E o progresso se fez sentir. A produção aumentou. Em 2004, a Fersol faturou 100 milhões de dólares. O piso salarial, naquele momento, chegava a R$ 1.350,00. Foram tomadas novas iniciativas de investimento nas pessoas. Criou-se uma cultura empresarial voltada para a inclusão de mulheres, afrodescendentes, pessoas com mais de 45 anos e portadores de HIV. Essa aposta na diversidade gerou um ambiente mais criativo, em que a solução masculina recebe doses de visão feminina, em que as soluções dos jovens recebem doses da visão dos mais velhos, e vice-versa. Esse *mix*, essa mistura gerou novos bons resultados, novos progressos.

Quando perguntam a Michael Haradom que futuro quer para a Fersol, sua resposta não tem a ver com metas de produtividade. Ou melhor, as metas de produtividade só poderão ser alcançadas se forem alcançadas as metas prioritárias em favor dos funcionários. As metas de cidadania são mais relevantes e, paradoxalmente, mais produtivas. Por isso, a empresa, 100% nacional, estimula o debate político dentro da empresa, promove sessões de filmes brasileiros com viés social, mantém uma biblioteca e uma sala de informática para os funcionários, tem um museu ecológico, oferece ginástica laboral, oferece cursos de filosofia, de protagonismo social, e comemora em grande estilo o Dia Internacional da Mulher, o Dia Internacional do Meio Ambiente, o Dia Nacional da Consciência Negra, o Dia Internacional de Combate à Violência contra a Mulher, o Dia Mundial de Luta contra a Aids, o Dia Internacional do Deficiente Físico, etc.

◯ **Prover e investir, mas também precaver e precaver-se.**

Viver é perigoso. Empreender é perigoso. Trabalhar é perigoso. Temos de nos prevenir para a luta do dia a dia, tantas vezes desigual. O elogio da ousadia não deve abafar o elogio da cautela. Ao tomarmos uma iniciativa, temos de fazer algumas consultas.

É prudente conhecer o que for necessário para não perder tempo e dinheiro. Conhecer a legislação, as regras do jogo, a história.

Uma empresa exportadora que não tenha conhecimento dos aspectos culturais de vários países, da sua atual situação política, dos possíveis futuros, que não saiba adaptar seus produtos às exigências de mercados estrangeiros, que não conheça a legislação internacional, que desconheça as normas de defesa do consumidor do país importador, que não tenha condições de uma boa comunicação em idiomas como o inglês e o espanhol, e (pensando no futuro) o chinês e o russo (por que não?), essa empresa deveria ganhar o Prêmio Imprudente do Ano.

> **O que vale para uma empresa vale para uma pessoa, *mutatis mutandis*.**

Se você pretende abrir novas frentes de trabalho, precisa conhecer os mapas, as leis, os *cases* e causos, fazer leituras e preparar-se para levar sustos e choques de aprendizado. Mas este saber preventivo se faz útil também em pequenas atividades, em pequenos movimentos. Se você é convidado a participar de um debate televisivo sobre determinado assunto, deve aproveitar todo o tempo disponível que o antecede para inteirar-se melhor do tema, atualizar-se, mesmo que lhe seja familiar.

> **O saber prescritivo é outro saber com relação ao futuro previsível.**

Prescrever consiste em recomendar atitudes, em dar conselhos adequados para quem possui menos experiência, em fixar datas e prazos para evitar atrasos e outras desagradáveis surpresas. O futuro é incontrolável, mas, na medida em que vamos agindo minuto a minuto, temos alguma chance de concretizar projetos e driblar dificuldades.

Em suas habituais blagues, o escritor irlandês Oscar Wilde dizia que dar conselhos é uma tolice, mas que os bons conselhos são realmente prejudiciais. É claro que se referia àquela arrogância de quem, simulando aconselhar, o que deseja é controlar os outros. O saber prescritivo, nesse caso, não deve transformar um conselho, uma recomendação, numa norma rígida. Liderar alguém é deixar que o outro aprenda por conta própria também, e possa fazer experiências pessoais, e sofrer com seus equívocos, aprendendo com sua própria história. O líder educador oferece alguns conselhos, sempre ressaltando a sua relatividade. Os conselhos são, por natureza, relativos, porque o que deu certo ontem pode não dar resultado amanhã.

Fixar datas, horários e prazos faz parte do saber prescritivo. A pontualidade é uma dessas eternas batalhas do trabalho cotidiano. Nem sempre conseguimos ser pontuais, mas é imprescindível lutar nesse sentido. Nem sempre conseguimos que os outros sejam pontuais, mas é fundamental acompanhar aqueles que recebem de nós indicações nesse sentido.

Ao lado do saber prescritivo, mas como seu negativo, temos o saber proscritivo. Se aquele aconselha, este vai na linha do veto, da desautorização, do "não faça". E assim é na vida cotidiana e no mundo do trabalho. Há o aconselhável. Mas o desaconselhável também deve fazer parte do nosso aprendizado.

> **Temos os conselhos, no saber prescritivo.
> E os "desconselhos", no proscritivo.**

Por exemplo, na hora de estabelecer metas gerais para um longo período de trabalho, é desaconselhável, por uma questão de coerência, deter-se em detalhes que farão as metas gerais tornarem-se metas... específicas. Está aí um cuidado simples, aparentemente óbvio, que devemos tomar.

Um "desconselho", que serve para empresas e pessoas, é não delirar. Às vezes, empolgados por uma leitura, por uma palestra, por um curso, por um conselho, por um sonho premonitório... pensa-se que é chegada a hora de uma "grande virada". A empresa ou o indivíduo quer se inovar e, para isso, pretende abandonar uma experiência de duas décadas num setor determinado, lançando-se corajosamente em outro, sobre o qual tem insuficiente conhecimento.

> É melhor que não faça isso.
> Ousadia sem realismo é suicídio.

Outro "desconselho": não coloquemos todas as fichas numa só possibilidade. É verdade que, na circunstância concreta, devemos nos dedicar ao que estamos fazendo. Mas sem demasiadas paixões. Idolatrar a empresa, idolatrar um líder, idolatrar uma ideia... não são atitudes saudáveis. Aquele encantamento típico, aquela euforia, aquela sensação de "vida nova" são compreensíveis em certas fases da adolescência. Com o tempo, aprendemos esse belo "não faça" — não se torne um devoto do emprego. Muito menos fanático de seja lá o que for. Porque, em breve futuro, vêm a desilusão natural, a decepção, a frustração.

Não nos iludamos com nenhuma fachada, com nenhum *slogan*, com nenhum efeito especial. Uma cronista dizia que é sempre decepcionante conhecer os bastidores. Quaisquer bastidores. O que está fora do alcance público, o que está fora da nossa vista e da nossa audição costuma desiludir. Tendemos, num primeiro momento, a crer em coisas perfeitas. Ficamos talvez hipnotizados, em êxtase. Com o tempo, com a intimidade, com as descobertas e revelações, deparamos com uma realidade que já não deveria nos surpreender: os erros e as falhas da condição humana.

É típico de crises juvenis, ou da meia-idade, cair dos píncaros da ilusão nos vales escuros da desilusão. E, desse tombo em diante, adotar uma visão e um discurso de ceticismo. Ou, pior, de cinismo.

O equilíbrio entre a ingenuidade de acreditar demais e a malícia de não acreditar em mais nada está no saber que promove. Promover é fazer mover para a frente. E ir em frente, apesar dos pesares. A maturidade nos ensina a não esperar demais do futuro, mas também a não desistir de esperar o melhor.

○ **E, para completarmos a lista de verbos que apresentei parágrafos atrás, precisamos aprender a previver.**

Graças ao saber previvente, experimentamos por antecipação o que será o futuro. É uma sensação, em boa parte, induzida por você mesmo, de perceber o amanhã, de sentir o que está para acontecer.

Digamos que você esteja para chegar em sua casa depois de passar uma semana viajando a trabalho. De aeroporto para aeroporto, de hotel em hotel, fazendo uma reunião ali, outra acolá, finalmente está chegando a hora de voltar. Pelos seus cálculos, daqui a 10 horas mais ou menos você entrará pela porta de casa, e vai reencontrar a sua família, e vai tomar aquele longo banho no seu banheiro, e vai comer aquela comida bem caseira, e vai dormir aquele sono na sua cama...

Ou digamos que você terá um encontro profissional importante amanhã. Desde hoje, então, poderá previver o encontro, imaginar o local em que irá (mesmo que nunca tenha estado lá), as pessoas que lá estarão, as palavras que serão trocadas, o andamento do encontro e como tudo terminará bem.

Pessoas supersticiosas afirmam que previver assim pode atrair o azar. Pode produzir o contrário do que se deseja. Talvez sim. Talvez não. Previver poderá gerar, no plano mental, uma série de motivos para usufruir melhor o futuro, e, no plano da ação, iniciativas inteligentes.

O saber previvente que nos faz imaginar o retorno para casa pode nos levar a comprar, aqui e agora, um presente saboroso (um queijo coalho de Aracaju... um vinho gaúcho... um bombom de açaí diretamente de Manaus...), que será compartilhado com aqueles que amamos e ficaram esperando nossa volta.

O saber previvente pode nos ajudar a montar estratégias verbais, argumentos, atitudes, para que aquele encontro importante seja bem-sucedido. Não há nada de errado, ao contrário, em fomentarmos a esperança de que tudo terminará bem, ou até melhor. A autêntica esperança, dizia Shakespeare, transforma os reis em deuses, e os homens comuns em reis.

E, depois dessas considerações sobre saberes para prover, precaver, prescrever, proscrever, promover e previver, voltemos ao livro de Jaime Pinsky, em cuja introdução se lê que era hora de sermos protagonistas, e não meros espectadores.

> De fato, se queremos um futuro melhor, eis aí um bom conselho!

AS PALAVRAS-CHAVE SÃO

- Brasil
- Progresso
- Investimento
- Previsão
- Previver
- Esperança

VOCÊ TEM FUTURO?

> "Nunca penso no futuro.
> Ele chega bastante cedo."
> ALBERT EINSTEIN

Espero que não considere a pergunta ofensiva. Você tem futuro? Pergunta que sempre se desdobra em outras: e eu, terei futuro? E a empresa em que você trabalha, tem futuro? Este país, tem ou não tem futuro? O mundo tem futuro?

Quando pergunto sobre o seu futuro, todos os futuros paralelos parecem se sentir envolvidos. Você faz parte de uma série de comunidades: família, empresa, bairro, grupo religioso, amigos do churrasco, do futebol do domingo, do barzinho, grupo de conhecidos (ou desconhecidos...) no Facebook, e uma quantidade de pessoas que, sem você saber, o influencia, atua sobre sua vida, sobre o que você lê, crê, ama, come, canta, compra, reclama, pretende, vislumbra, compreende, compartilha...

◉ **O conselho de Jaime Pinsky é este: seja mais protagonista e menos espectador.**

Na alma dos protagonistas há uma pulsão futurante, uma energia que move o corpo ao encontro do futuro. O protagonista tem vontade de estar no futuro, e por isso começa a antecipá-lo, a agir em consonância com o amanhã. O desejo de futuro estimula as ações do protagonista. Ele quer habitar o futuro.

◉ **Habitar um futuro melhor, evidentemente.**

Então, você compra ou cria uma agenda. A palavra "agenda" tem a ver com o verbo "agir". "Agenda" vem do particípio futuro passivo latino, como no caso de "legenda" (coisas que devem ser lidas), "memorando" (o que precisa ser lembrado) e "oferenda" (coisas a serem oferecidas). "Agenda" são as coisas que aguardam o agir de quem tem a agenda.

Você tem uma agenda, e nela você começa a ver o futuro que está por vir. Você vai anotar o que terá de fazer, o que terá de refazer, os telefonemas que terá de dar, as pessoas com quem terá de falar, os afazeres, os deveres, os pareceres, alguns dizeres, uma lista de prazeres e desprazeres, de aconteceres e valores, e tantas coisas que você terá de aprender, entender e responder.

◉ **Toda agenda é uma agenda do futuro.
Mas deverá ser uma agenda de futuro.**

A diferença imensa entre "do futuro" e "de futuro", bastando a troca de uma vogal, equipara-se à diferença existente entre outras duas sentenças, em que se troca apenas uma consoante por outra: uma coisa é o que você faz na vida, e outra coisa é o que você faz da vida. Entre o "na vida" e o "da vida" há um abismo. Na agenda do futuro, você anota o que fará na vida, em sua vida. Na agenda de futuro, você anota o que fará da vida, de sua vida.

O que você faz da sua vida? A vida mesma é uma tarefa, e tarefa urgente, com pequenos ou grandes compromissos. O futuro chega. Mas está acelerado. Chega mais cedo do que prevíamos. Cada vez mais cedo. Estamos pensando no futuro e ele, antes mesmo de concluirmos nosso pensamento, aparece, põe-se à nossa frente e, como na chamada escolar, grita: "presente!".

◉ É preciso (ou é inevitável) viver o presente como quem já está no futuro. Vivendo e previvendo.

No livro *2015: como viveremos*, organizado por Ethevaldo Siqueira (publicado em 2004), cientistas (que ele chama de "visionários") e futurologistas do Brasil e do mundo davam sua opinião sobre como seria o nosso dia a dia uma década mais tarde, especialmente com relação ao impactante e inexorável avanço das tecnologias da informação e da comunicação.

As previsões estavam fundamentadas no que já acontecia no campo da pesquisa, na área industrial, no comércio, em atividades de entretenimento. Eram transformações que já estavam em curso, e 2015 não estava tão longe assim. Além disso, muitos dos especialistas consultados eram eles próprios protagonistas e agentes daquelas transformações. Estavam na dianteira, ou muito próximos, e cientes de sua posição.

Não era muito difícil, portanto, prever que dezenas de profissões iriam desaparecer, que milhões de postos de trabalho seriam pulverizados, e que novas oportunidades surgiriam numa velocidade inédita. De fato, era um livro voltado para a previsão do futuro próximo, receoso de cair na ficção gratuita ou arbitrária, e desejoso de dar, ao leitor daquele momento, um aperitivo científica e jornalisticamente correto. Mostrava, como decorrência lógica dos movimentos feitos até então, como consequência óbvia das conquistas realizadas até aquele início de novo milênio, um mundo em que o acesso aos computadores, à internet banda larga, aos celulares multiuso e ao comércio eletrônico seria bem maior, modificando nossas concepções de trabalho, de serviço público, de participação política, de escola, de entretenimento, de jornalismo, de criação e difusão de ideias e bens culturais.

Na introdução do livro, Ethevaldo usa uma imagem muito boa, de imediata apreensão. Recorre a uma fala de Pelé, que revelou certa vez o segredo de seu futebol: "Eu apenas corro para onde a bola vai estar". Um segredo simples e... enigmático. Pelé se tornou um jogador insubstituível em virtude de sua visão de futuro e de sua disposição em corresponder a essa visão. Mais do que adivinhar, sabia o futuro da bola. Mais do que saber, ia ao encontro dela.

A agenda é o nosso campo de jogo. A bola da vida começou a rolar mais uma vez, todos os dias, todas as semanas, todos os meses. Novas partidas, novos adversários, novas chances de fazer gol, e o perigo constante de perder de goleada, ou de sofrer uma contusão, ou de receber cartões amarelos e vermelhos. Diante de um novo começo de ano, ou de semestre, ou ao começarmos uma nova semana, temos de ver e agir como Pelé.

Saber onde o futuro estará, daqui a uma semana, daqui a um mês, daqui a um ano, ou dentro de uma década, isto é jogar bem. E jogar *sobre la marcha*, como se diz em espanhol. A expressão espanhola indica que é preciso tomar decisões enquanto as coisas estão acontecendo. Enquanto estamos andando e correndo. Numa partida decisiva, Pelé não podia parar, sentar-se tranquilamente no gramado, e ficar contemplando a bola, e depois se levantar para ir atrás dela. Neste caso, estaria sempre "correndo atrás do prejuízo". Há pior coisa do que perseguir o prejuízo?

Então, como aprender a ver o futuro sem deter a caminhada do presente? Um bom exercício é ver como outras pessoas, no passado, tentaram antever o futuro. Um futuro que talvez ainda esteja no porvir...

Em 1993, a revista *Veja*, em comemoração aos seus 25 anos de existência, publicou 25 textos até então inéditos de autores brasileiros e estrangeiros, cuja preocupação era, com base no passado e no presente, pensar o futuro próximo. Faltavam sete anos para acabar o século, o milênio.

Menciono alguns desses textos.

Em "Rápida utopia", o escritor italiano Umberto Eco fazia uma erudita avaliação do século XX, um século de guerras, de massacres, e de muita tecnologia. Sua conclusão era a de que aquele século já havia terminado. E que tinha sido um século estressante, cruel, repleto de avanços e retrocessos, e altamente veloz. O "século do enfarte", diz ele. O artigo, portanto, já se considerava datado no século XXI. Sua atitude crítica era uma forma de dizer que o futuro precisa se desacelerar para não adoecer, para não morrer do coração.

Reflexões e decisões a partir de Umberto Eco: se não queremos enfartar, administremos nossa agenda com mais inteligência. Por que permitir o sequestro de nosso coração, de nossos valores, de nossos afetos? Tenhamos tempo para o trabalho, tempo para a família, tempo para os amigos, tempo para a leitura, tempo para meditar, tempo para tudo, e tempo para não fazer nada. Ou não teremos tempo para nada mais...

Em "Busca do ócio", Domenico de Masi recomendava que, para entrever o futuro, não perdêssemos de vista o passado. Sua análise, sintética e precisa, mostrava que o ser humano, durante séculos, vem tentando substituir os escravos humanos por ferramentas que façam o trabalho pesado, que facilitem a vida.

Em sua visão utópica, o sociólogo Domenico de Masi acreditava que, em breve, caberá a todos ou à maioria dos homens dedicar-se exclusivamente a atividades criativas, delegando-se à tecnologia tarefas que exigem tempo e esforço desumanos. Em outras palavras, como seres pós-industriais, precisaríamos começar o século XXI livres da tarefa de carregar pedras: aproxima-se a hora de saborear a alegria de viver...

Reflexões e decisões a partir de Domenico de Masi: precisamos abrir espaço para o ócio (ócio criativo, como gosta de falar esse outro autor italiano) em nossa agenda. Devemos trabalhar menos e melhor. Devemos repetir menos e criar mais. Por que ainda precisamos ficar tantas horas no trânsito intransitável das grandes cidades? Por que ainda aceitamos, como natural, comportamentos autoritários dentro da empresa? Por que não começamos a viver enquanto há vida?

Lendo o artigo "O futuro passou", do cineasta Carlos Diegues (o Cacá Diegues), podemos ter uma noção (sobretudo os mais jovens) da perplexidade que muitos brasileiros sentiam na última década do século XX. Se não recuperarmos essa perplexidade, esse passado, como poderemos avançar? Ao ler Cacá Diegues, podemos ver como vivíamos um impasse nacional.

Tínhamos saudade de um Brasil inocente, que não existia mais (se é que existiu um dia...), e ao mesmo tempo sentíamos a decepção de não termos cumprido aquelas promessas de que falava Zweig, sentíamos a vergonha de não sermos aquele país do futuro que os olhos estrangeiros descobriam em nós!

Pairava no ar a ideia de uma década perdida (os anos 1980), em que a dívida externa era uma chaga sempre aberta, e cada vez mais profunda (em 1998, a dívida brasileira era de 235 bilhões de dólares). A interrupção do crédito internacional era um novo motivo de vergonha. Vivíamos uma crise crônica, interminável, um país enorme (riquíssimo...), com pequenas chances. O futuro já tinha passado. De qualquer modo, estávamos perante um "mundo novo, terrível e maravilhoso", condenados a seguir em frente, mas não pouco a pouco, dizia Cacá, não gradualmente: "precisamos queimar etapas, dar saltos para a frente, esquecer o que não fizemos no século XX, para entrar com esperança no século XXI, olhando para o agora".

Reflexões e decisões a partir de Cacá Diegues: precisamos cuidar da nossa agenda, ter consciência do valor do futuro. Se preservarmos o tempo necessário para não fazer nada, teremos tempo e energia para fazer tudo. Não fazemos mais porque perdemos tempo com o menos relevante.

Por que ainda perdemos tanto tempo em reuniões infindáveis, nas quais as vaidades entram em choque numa luta sem vitórias? Por que ainda perdemos tanto tempo em pensar e cochichar sobre o que os outros deveriam ser e fazer? Por que ainda perdemos tanto tempo com certas diversões, certos programas de TV como os *reality shows*, certos sites, certas baladas que nos enchem de vazio e esvaziam nosso futuro de autêntica liberdade?

Entre os artigos, destaca-se "O pão nosso", de Herbert José de Souza, o Betinho, que viria a falecer quatro anos depois de publicar esse texto. Nele, apresenta um Brasil dividido entre pobres (85 milhões de habitantes), ricos (33 milhões) e indigentes (32 milhões). Um Brasil desigual, com questões graves a resolver como fome, relações de trabalho escravizantes, miséria, o avanço da aids, cidadania para poucos. Diante de uma situação de naufrágio social, o futuro deve ser pensado. Pensá-lo "atrai, desafia e engana". E mudar o futuro "depende de mudar a maneira como se pensa o presente".

Reflexões e decisões a partir de Betinho: pensar apenas na própria agenda, no próprio emprego, no próprio sucesso é não ter visão social, é, portanto, ter uma visão curta, é não trabalhar a favor do futuro. Um cidadão com baixa consciência social é um pouco menos cidadão.

Lutar pela melhora do mundo é o melhor modo de humanizar a minha vida. O meu egoísmo, se fosse inteligente, cuidaria dos outros, para que eu e os outros pudéssemos usufruir de uma vida mais saudável, mais harmônica e um pouco mais feliz. A minha agenda não é a única agenda do planeta. Pense na sua agenda como um ponto de encontro com outras pessoas. A sua agenda depende da minha, e a minha, da sua. E nossas agendas dependem das agendas dos outros. As agendas vivem para a interdependência. Uma agenda livre está ocupada com responsabilidade social.

> O meu futuro (e o seu) depende do futuro de outros futurantes.

AS PALAVRAS-CHAVE SÃO

- Protagonismo
- Agenda
- Previsão
- Pelé
- Tecnologia
- Brasil

◉ UM FUTURO MELHOR

> "Devemos preferir ser pais do nosso futuro
> do que filhos do nosso passado."
> MIGUEL DE UNAMUNO

É dever de cada pessoa lutar por um futuro melhor. Você luta por um futuro melhor. Para si mesmo, para as pessoas que você ama, para o seu país, para a empresa em que você trabalha, para todos. O ponto de partida dessa luta é saber em que situação estamos, em que patamar. Temos de saber o que vai mal, o que não vai tão bem, o que já foi bom, o que está piorando, o que está melhorando e pode ser impulsionado, o que é caso perdido, o que é recuperável. Em suma, devemos desenvolver o senso crítico e a capacidade de avaliar.

◯ **O acesso a indicadores e diagnósticos ajuda, e muito. Porque nos tira do comodismo mental, da indiferença.**

Por exemplo, mais de 11 milhões de pessoas vivem em favelas no Brasil (segundo o IBGE, 2011). Esse dado é para fazer pensar. Essa é a população de Portugal. Um Portugal inteiro mora em favelas brasileiras. O que isso significa? Quais são as consequências dessa realidade social problemática?

O Unicef (Fundo das Nações Unidas para a Infância) divulgou também em 2011 que mais de 1,1 milhão de adolescentes brasileiros (entre 12 e 17 anos de idade) estão fora da escola e não trabalham, nem mesmo em empregos informais. Vivem literalmente fora do jogo. O que é preocupante para qualquer país. Uma cidade de Campinas inteira (1,1 milhão de pessoas vivem em Campinas) de jovens sem ocupação. O que pensar a respeito? Do ponto de vista econômico e social, que tipo de futuro esses jovens terão?

O desenvolvimento de um negócio, de uma carreira, de uma iniciativa empresarial não se faz isoladamente. Tudo isso acontece num determinado contexto social. Precisamos criar consciência social e solidariedade para que esforços individuais, somados, multiplicados, gerem soluções coletivas.

Conta-se a história de um homem muito egoísta, incapaz de fazer o bem. Nenhum ser humano jamais tinha despertado nele um pingo sequer de solidariedade. Jamais na vida esse homem sem alma estendera a mão para alguém. Sua visão de mundo era assumidamente egocêntrica e isolacionista.

Certo dia, caminhando por uma praça, deparou com uma pequena aranha no chão. Seu primeiro impulso foi pisar no inseto e seguir em frente. Porém, daquela vez, deteve-se, observou a aranha e pensou melhor. Não valia a pena matar aquele ser inofensivo. Resolveu desviar-se do caminho, poupando aquela vida insignificante.

Quando morreu, o homem egoísta foi condenado ao inferno. Deus lhe disse, de modo categórico: "Em toda a sua vida, você nunca promoveu o bem nem se preocupou com as outras pessoas. Você mesmo decidiu qual seria o seu futuro e se condenou ao inferno. Você construiu seu próprio destino".

Já no meio das labaredas infernais, preso ao fogo eterno do desamor, o homem implorou a Deus que pesquisasse melhor, que buscasse nos arquivos sagrados algum tipo de boa ação que ele tivesse feito. Impossível não existir nenhum registro positivo. E, de fato, estava registrada, sim, aquela única boa ação da sua vida: não ter esmagado a pequena aranha numa bela tarde de outono.

E então desceu do céu, em sua direção, um longo fio iluminado. Era o fio da aranha que vinha em seu auxílio. Uma voz do céu deu a orientação: "Agarre-se a este fio, e a aranha que você um dia salvou o salvará agora das chamas do inferno!". O homem egoísta agarrou-se ao fio. Aos poucos, começou a subir. Outras almas condenadas, vendo aquilo, agarraram-se desesperadamente às pernas do homem egoísta, querendo aproveitar a carona e escapar também do inferno. O homem egoísta, temendo que o fio se rompesse, gritava como um louco: "Soltem-se, seus idiotas! O fio é só meu! Só meu!".

O fio não se rompeu, pois era um fio de amor. Contudo, na ânsia de se livrar dos que o seguravam, o homem egoísta se atrapalhou e acabou soltando o fio. Ele e todos caíram de novo no fogo eterno do egoísmo. A reação egoísta anulou aquela derradeira possibilidade de salvação.

Atuar com mentalidade solidária não mata nenhum empreendimento. Ser solidário não é sinal de fraqueza. O espírito de competitividade não precisa esmagar os valores da convivência. Não precisamos ser predatórios em nossas ações profissionais.

E não basta não matar a aranha indefesa. Nosso crescimento pode e deve contribuir para o crescimento de outros. Nossas vitórias e conquistas podem e devem criar espaço para conquistas e vitórias de outras empresas, outras pessoas.

> **Não se trata de filantropia. É ato de inteligência e opção estratégica. É investimento num futuro melhor.**

Em 1924, o Laboratório Fontoura, empresa brasileira, lançou o livro *Jeca Tatuzinho*, da autoria de Monteiro Lobato (amigo de Cândido Fontoura, o dono do laboratório). A publicação era distribuída como peça publicitária, na qual se ensinavam noções de higiene e de comportamento saudável, além de instruções básicas sobre as doenças mais comuns e orientações médicas.

Jeca Tatu era a caricatura genial com que Monteiro Lobato denunciava problemas sociais que grassavam no interior do Brasil. Jeca, homem pobre do campo, casado com uma mulher magrinha, os filhos pálidos e tristes, aparecia como o retrato do desalento e do atraso. Possuía um lote de terra, mas não o aproveitava direito.

Jeca plantava um pouquinho de milho, um pouquinho de feijão, uns pés de abóbora, tinha lá uns porquinhos, umas galinhas soltas no quintal. Tudo apenas para a sobrevivência imediata, dele e da família. Nada mais. Nenhum tipo de planejamento para o futuro. Não alimentava esperança alguma. Vivia mergulhado no desânimo e no pessimismo. Bebia lá a sua pinga cotidiana, reclamando da vida, sem horizontes.

Depois de descrever a situação lamentável de Jeca Tatu, o texto faz surgir um médico, que analisa a situação do pobre caipira e faz um diagnóstico preciso. Não é preguiça o seu problema. Ou melhor, a preguiça e o desânimo são consequências da malária e da ancilostomose. Jeca sofre de anemia. Sua prostração e seu pessimismo não são defeitos morais, mas falta de saúde e falta de orientação.

Os remédios do Laboratório Fontoura vão curar o Jeca!

O médico recomenda dois remédios e convence o paciente de que precisa tomar também o famoso Biotônico Fontoura, carro-chefe do laboratório. Jeca terá de abandonar o vício da pinga e alimentar-se melhor, com ovos e leite. Ah, e deve comprar com urgência um par de botinas! Ficar descalço é perigoso: é pelos pés desprotegidos que entram os ancilóstomos (e mais de 90% da população rural andava descalça). Jeca estava cheio de vermes. Mas a Ciência (assim, com letra maiúscula) existia para ajudar e curar o ser humano.

Em três meses, Jeca ficou irreconhecível. Curado e corado, bonito e bem nutrido, "forte como um touro", cheio de coragem para trabalhar, comprou arados e bois para cultivar a terra com mais eficácia, plantando milho e feijão em quantidade.

Jeca não sossegava mais. Consertou a casa, que estava caindo aos pedaços, fez um chiqueiro para os porcos, construiu um galinheiro para as aves. Adquiriu um caminhão. Passou a sonhar em ter uma fazenda, à qual daria o nome de Fazenda Biotônico.

Despertou para a necessidade de estudar: aprendeu a ler, encheu a casa de livros... e até contratou um professor particular para lhe ensinar inglês.

A imaginação de Lobato ia longe: o caboclo doente era agora um homem resolvido, fazendeiro bem-sucedido, montado num cavalo árabe, dono de um automóvel, cheio de ideias revolucionárias, mandou consertar as estradas vizinhas, trouxe o rádio e a eletricidade para suas terras e até importou dos Estados Unidos um aparelho de televisão!

É claro que a esposa e os filhos de Jeca também foram medicados e agora estão belos, com cores saudáveis e animados. Tudo ali passou a ser sinônimo de saúde, riqueza e prosperidade. Mais ainda: o coronel Jeca não foi egoísta, e resolveu ensinar o caminho da saúde aos caipiras do entorno. Montou postos de saúde e encomendou os remédios do Laboratório Fontoura.

No último parágrafo dessa história de sucesso, Monteiro Lobato escrevia às crianças que lessem aquele texto, recomendando que imitassem o Jeca: "E se forem fazendeiros, procurem curar os camaradas. Além de ser para eles um grande benefício, é para você um alto negócio. Você verá o trabalho dessa gente produzir três vezes mais. Um país não vale pelo tamanho, nem pela quantidade de habitantes. Vale pelo trabalho que realiza e pela qualidade de sua gente. Ora, ter mais saúde é a grande qualidade de um povo".

O livro desdobrou-se numa revista anual, o *Almanaque do Biotônico Fontoura* (mais conhecido como o *Almanaque do Jeca Tatu*), que era enviado gratuitamente às farmácias de todo o país. Continha, além da propaganda dos remédios, conteúdo variado, um pouco de história da ciência, um pouco de ufanismo nacionalista, informações sobre os melhores dias para a pesca, sugestões de como se vestir, dietas alimentares, prescrições várias, passatempos, histórias em quadrinhos. Entre 1930 e 1970 foram três milhões de exemplares distribuídos e, no ano de 1982, em comemoração ao centenário de nascimento de Monteiro Lobato, chegou-se a uma tiragem de cem milhões de exemplares.

Aquele almanaque foi um exemplo de aposta na modernidade. Certamente, podemos hoje analisar e criticar tudo isso do ponto de vista sociológico e compreender as motivações (nem sempre "imaculadas") que porventura animavam aquela aposta. E aquela proposta, tão comercial como qualquer outra. Mas quero destacar, mesmo que pareça ingenuidade da minha parte, o desejo que havia na época por um Brasil melhor. O Brasil do século XX tinha de ser outro, muitos pensavam.

O Biotônico Fontoura (e outras panaceias da época) era apresentado como o elixir da vida. Se nos faltava um serviço eficaz de saúde pública, de educação pública, se as iniciativas governamentais estavam aquém das nossas necessidades, se o povo não tinha acesso a conhecimentos básicos de higiene, tínhamos a poção mágica ao nosso alcance!

Saúde era igual a Felicidade. Trabalho era igual a Progresso. Estudo era igual a Riqueza. O Jeca tinha de recuperar-se e superar-se. Tinha de sair da pobreza, da ignorância, do anonimato, e o Brasil também. Monteiro Lobato, argutamente, mostrava o camponês brasileiro desnutrido ao lado de um modelo ideal de imigrante europeu, inteligente, cheio de saúde e beleza. Por que não podemos também ser assim, saudáveis, fortes, construtores de um futuro melhor?

O futuro melhor que queremos construir continua dependendo da iniciativa de todos e de cada um. Empresas pequenas, médias ou grandes sabem que construir um bom relacionamento com seus próprios funcionários, parceiros, fornecedores e colaboradores, e com a comunidade, é condição *sine qua non* para ganharem credibilidade e serem identificadas como "empresas bacanas", como gosta de repetir o consultor e psicólogo Waldez Ludwig.

Empresas bacanas apoiam campanhas bacanas, projetos bacanas, realizam congressos bacanas, sabem escolher palestrantes bacanas, encorajam iniciativas culturais bacanas, promovem ações sociais bacanas no âmbito familiar dos empregados e fornecedores, patrocinam práticas esportivas e artísticas bacanas envolvendo alunos de redes públicas, abrem as portas de suas instalações para visitas bacanas de universitários e de estudantes em geral.

Empresas bacanas criam um clima bacana a favor de ações voluntárias e de trabalhos comunitários por parte de seus empregados e apoiam entidades com propostas bacanas, como combate à fome, acompanhamento de crianças com câncer, recuperação de dependentes químicos, resgate de meninos de rua, profissionalização de jovens, proteção do meio ambiente, promoção da terceira idade, redução da violência...

Empresas bacanas não são rabugentas, egoístas, impositivas. Empresas bacanas não inventam regras para controlar tudo, constranger as pessoas. Empresas bacanas se envolvem com festejos de uma cidade, com feiras, exposições, maratonas, programas de lazer bacanas, e fazem parceria com escolas para a realização de oficinas bacanas...

Em suma, empresas bacanas investem no bem comum, mesmo sabendo que muitas dessas tarefas deveriam ser realizadas fundamentalmente pelo governo federal, pelos governos estaduais, pelas prefeituras.

○ **E as pessoas "bacanas", quem são e como podemos reconhecê-las?**

As pessoas bacanas são pessoas simples. Agora, não tenhamos ilusões com relação à condição humana! É difícil ser uma pessoa simples e bacana. É difícil também encontrar pessoas simples e bacanas no dia a dia. Basta ler um pouco de Machado de Assis, Jorge Luis Borges, Clarice Lispector, Marcelino Freire, Chaucer, Shakespeare, Kafka, Dante ou Dostoiévski para saber que o ser humano não é simples. Não é fácil. Nem sempre é bacana.

O pensador francês Blaise Pascal dizia que o ser humano é um "monstro incompreensível". O ser humano, sabemos por experiência, é contraditório e complicado.

Bastaria lembrar o que acontece em nosso tempo com relação às drogas e ao cigarro. Há quem defenda a descriminalização de certas drogas. Ao mesmo tempo, fumar um mero cigarro em local público vai se tornando crime inafiançável, horror dos horrores, pecado sem perdão.

Outra contradição, agora com relação a gerar filhos. Ao longo do século XX, e assim continuamos no século XXI, a gravidez de milhões de mulheres jovens terminou em aborto e, paradoxalmente, outras milhões de mulheres em idade mais avançada querem ser mães, não hesitando muitas vezes em empregar com insistência todas as técnicas de fertilização possíveis.

> **Mas não nos assustemos em demasia com a complicação humana!**

Saibamos lidar com isso de um modo bacana. O mundo precisa é de pessoas simples e bacanas, capazes de descomplicar a vida. Pessoas que saibam ser solidárias sem fazer disso uma vantagem sobre os outros e contra os outros. Pessoas bacanas se comportam de modo bacana, usando uma linguagem bacana, com objetivos de vida bacanas. Pessoas bacanas sabem dar informações ou, se não sabem informar naquele momento, confessam que não sabem, mas que vão procurar essa informação imediatamente.

Pessoas bacanas não burocratizam a vida pessoal, nem a vida alheia. Pessoas bacanas não roubam o tempo dos outros, o pior de todos os roubos. Pessoas bacanas não vivem na defensiva, cheias de segredos complicados.

> **O norte-americano Jeff Jarvis já explicou: "a defesa não é uma estratégia para o futuro".**

Pessoas bacanas tendem a confiar nos outros, mesmo sabendo que confiar em todos o tempo todo é arriscado. Pessoas bacanas não acreditam na eficácia exclusiva da autoridade verticalizante. Pessoas bacanas sabem trabalhar em parceria, fazer alianças. Pessoas bacanas não são autoritárias e centralizadoras. Pessoas bacanas pensam em melhorar a vida dos outros. Enfim, pessoas bacanas podem transformar a empresa num lugar bacana.

○ E podem fazer do futuro um futuro bacana.

AS
PALAVRAS-CHAVE
SÃO
- Competitividade
- Solidariedade
- Brasil
- Pobreza
- Voluntariado
- Investimento

CONSTRUIR OU DESTRUIR O FUTURO?

"Planto um fruto verde no futuro."
MÁRIO FAUSTINO

A palavra "bacana" surgiu na década de 1950. Já podemos afirmar que é uma senhora palavra, uma palavra de idade, embora não exatamente provecta. Talvez queira se aposentar dentro em breve. Ou não. Ainda está saltitante por aí, adjetivando o que bem entende. Como se diz em linguística, é uma palavra-ônibus. Uma palavra tolerante, que aceita qualificar todo tipo de pessoas e coisas com atributos positivos: uma pessoa bacana, uma roupa bacana, pai e mãe bacanas, o professor bacana, aquele chefe bacana, essa ideia bacana, uma atitude bacana, uma loja bacana, uma casa bacana, esse filme bacana, indicando excelência, simpatia, genialidade, elegância, bondade, correção, beleza e outras coisas... bacanas.

**Tem origem etimológica obscura.
Mas dispomos de alguns palpites.**

Um deles é que tenha a ver com a palavra "macanudo", típica do Rio Grande do Sul, indicando que algo tem prestígio, poder, força. Teria provindo de países hispânicos. Outra hipótese é que se refira a Baco, o deus do vinho e da alegria. Uma terceira possibilidade é que nasceu da gíria *bácan* (usada pela malandragem de Buenos Aires), significando "esperto", "legal", "simpático".

◯ **Um futuro bacana seria tudo isso junto.**

Talvez as coisas estejam meio vagas. Um "futuro melhor" e um "futuro bacana" precisam ainda ser imaginados de modo mais concreto, para que possamos agir de modo mais objetivo, aqui e agora.

As palavras do poeta piauiense Mário Faustino que escolhi para a epígrafe são sugestivas. Plantar um fruto verde no futuro significa que muitas coisas estão imaturas no momento presente. É imaturidade querer que tudo seja perfeito, que tudo seja bacana, que tudo se resolva hoje, agora, que todos os corruptos sejam capturados, que todas as empresas que fazem falcatruas sejam punidas, que todos os erros sejam identificados e punidos.

Nenhum sistema pode suportar o conhecimento absoluto de todas as suas falhas. O perfeccionismo é o caminho mais curto para a loucura. Quem, nos diálogos do dia a dia, não suportasse nenhuma falha contra a norma culta, e criticasse todos os erros de concordância nominal, de conjugação, de regência verbal, simplesmente tornaria as suas conversas insuportáveis.

◯ **Temos de seguir nossa consciência moral, claro. Não sejamos coniventes com os erros.**

Mas também temos de cultivar a sabedoria, e a sabedoria nos diz que toda vez que alguém quis instalar o paraíso na terra produziu um inferno ainda pior. O colega de trabalho que não dá tréguas a ninguém, que vive corrigindo a tudo e a todos, distribuindo censuras, querendo impor a verdade... acabará por cair na pior das armadilhas. Descobrirá, um dia, que sua arrogância é um defeito quase incurável.

A história que me vem à memória tem pelo menos uns 50 anos. Aconteceu numa empresa multinacional instalada no Rio de Janeiro.

Nessa empresa, havia um chefe de departamento que costumava entrar aos berros, batendo os pés, gesticulando com fúria, reclamando que aquilo ali estava um "caós", um terrível "caós", um autêntico "caós". Os funcionários se entreolhavam... e se calavam. O chefe passava em velocidade e se trancava em sua sala, onde certamente reinava a ordem divina. Lá fora, era o "caós", o "ó" ecoando agressivo em todos os ouvidos.

Ninguém tinha coragem de avisar ao vociferante que, das duas vogais da palavra "caos", a mais forte, a mais sonora, era a vogal "a", e que a vogal "o" era a mais fraca. O certo não era "caós", mas simplesmente "caos", como ensina a prosódia.

Durante meses o espetáculo se repetiu. E a autoridade do chefe se esvaziava a cada semana. Pelas costas, seus subordinados repetiam o "caós", entre risos. Até que um dia a secretária do paladino da ordem teve a coragem de falar com ele, corrigir o erro de pronúncia. Com muito cuidado, explicou que o certo era "caos", e não "caós". O céu caiu sobre a cabeça daquele homem.

Após alguns meses, porém, o chefe retomou o hábito de entrar pela sala, aos berros, mas agora reclamando que ali naquele departamento reinava uma grande "confusão", uma autêntica "confusão"!

O caos faz parte do presente. O presente é labiríntico. Os mapas estão incompletos. É em meio ao caos e à incerteza que temos de trabalhar para construir um futuro melhor. O fruto vai amadurecer na hora certa. Mesmo que as coisas estejam "verdes", "vagas", "imprecisas" ou "caóticas"... é hora de plantar.

O adjetivo "verde" tem outro sentido além de "imaturo", sem experiência. Um pasto verde é um pasto vivo, cheio de seiva. Os verdes anos da adolescência se referem a um período cheio de energia. E uma mercadoria verde indica que o produtor respeita critérios não poluentes.

O futuro "verde" indica que ainda é cedo para colher seus melhores frutos. Mas também indica que está cheio de vida, cheio de possibilidades, e desejoso de preservar a existência humana.

○ **Podemos construir ou destruir o futuro.**

A história da humanidade oferece inúmeros exemplos de como um império se ergue e se destrói, de como uma boa ideia se impõe e se boicota, de como grandes personagens se destacam e se apagam.

Os antigos diziam que a história era uma excelente professora. Ler a história de uma empresa, para analisar seus acertos e suas falhas, é exercício fundamental para qualquer empresário. Conhecer a biografia de líderes, de pessoas inovadoras e empreendedoras, ainda que tenham colecionado fracassos, é lição viva para qualquer profissional.

Nessa linha, uma publicação da década de 1990 que fez sucesso no Brasil e vale a pena ser lembrada é *Mauá: empresário do Império* (1995), do sociólogo e jornalista Jorge Caldeira. Em 2007, o *Pioneiros e empreendedores*, do professor Jacques Marcovitch, traz informações e considerações muito interessantes sobre a biografia de alguns brasileiros cuja maior genialidade foi aprender, viver as adversidades, amar seu destino, ousar, trabalhar e não desistir de empreender, como o agrônomo paulista Luiz Vicente de Sousa Queirós, o engenheiro e empresário carioca Guilherme Guinle, ou o empresário gaúcho Atílio Fontana, fundador do Grupo Sadia. A ideia de Marcovitch não era cultuar o passado, mas provar que no Brasil há inspiração para criarmos novos horizontes, construirmos pontes para o amanhã.

Mais recentemente, vários livros publicados no mundo inteiro sobre o genial Steve Jobs fizeram o retrato de um líder inovador, de personalidade polêmica e atitudes desconcertantes, que reinventou o seu tempo, construiu nosso futuro e se transformou ele próprio num ícone!

Não raramente, esses e outros construtores do futuro contribuíram para a destruição do presente. Alguém que pensasse abrir uma empresa especializada em consertar máquinas de escrever em plena década de 1980 demonstraria não possuir visão do presente... e menos ainda do futuro. Em 1986, o registro de todos os eleitores brasileiros foi informatizado pelo Tribunal Superior Eleitoral. O jornal *Folha de S.Paulo* informatizou-se em 1983, e cinco anos depois todos os principais jornais brasileiros contavam com computadores nas redações.

Sempre haverá, é verdade, um ou outro herói do passado a resistir bravamente. Os ventos do futuro não conseguirão demovê-los.

Um jornal paraibano, em maio de 2011, contava a história de um técnico que até hoje conserta máquinas de escrever. Mora em Campina Grande e há mais de 40 anos realiza consertos, vendas e compras de máquinas que, na década de 1970, eram a imprescindível (e barulhenta) presença de todos os escritórios. Graças a essa atividade, sustentou sua família até hoje. E hoje, ilhado num quartinho entulhado de peças antigas, o técnico (com 60 anos de idade) ganha em torno de R$ 30,00 por dia.

Mas outros muitos construtores do futuro podem aproveitar o passado destruído... e reconstruí-lo. Como é o caso do renomado artista plástico norte-americano Jeremy Mayer, que já foi chamado o "artista da reciclagem". Em seu processo de criação, como no busto (*Busto do avô*) que você vê abaixo, Jeremy Mayer reutiliza peças de antigas máquinas de escrever, reinventa a escultura, confere novo sentido (artístico) ao que perdera funcionalidade (laboral), desconstrói peça por peça um objeto antigo e constrói uma cabeça humana, em suma: a sucata é inseminada pela beleza e pelo futuro.

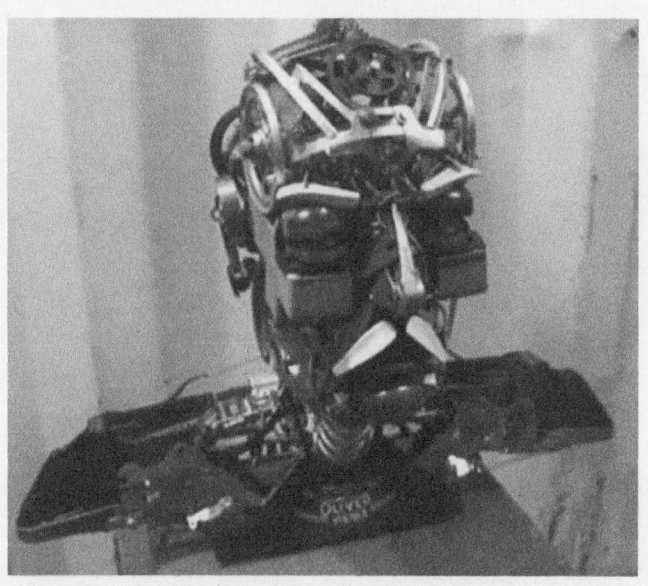

Detalhe da gravação disponibilizada pelo escultor em http://vimeo.com/22727050

São duas maneiras de enxergar o passado. O técnico que conserta as máquinas olha o passado como algo que perdura no presente, sem a menor chance (ou interesse) de se tornar futuro. O artista que desmonta e remonta o passado (as máquinas), e nesse processo faz esculturas inéditas, olha o futuro como algo que se concretiza no presente. O técnico, alheio ao nascimento do futuro, quer que o passado funcione no presente, só isso. Não lhe importa ser visto como um profissional que cuida do obsoleto. Já o artista aceita como irreversível a morte do passado, mas atua como um profissional inconformado, e realiza a aparição do futuro no presente.

O técnico não destrói o futuro.
Prefere agarrar-se à máquina de escrever, ao passado.

Mas há aqueles que estão determinados a destruir o futuro. São aqueles que poderiam liderar processos de inovação, de renovação, de criação, mas parecem possuídos por um estranho desejo. Querem demolir o futuro, antes mesmo que ele tenha chance de se desenvolver. Parodiando as palavras de Mário Faustino, há pessoas que plantam um fruto podre no futuro. Ou, continuando com metáforas agrícolas, em vez de plantar carvalhos, apostando no futuro, há pessoas rancorosas e ressentidas, que preferem plantar couves...

Empresas podem ser comunidades que investem nas pessoas e, portanto, no futuro dessas pessoas e no seu próprio futuro. Podem ser empresas que se compreendem como um lugar de aprendizado e aperfeiçoamento. Ou podem ser comunidades que destroem as pessoas e, por conseguinte, destroem a si mesmas como comunidades.

Bastaria citar um único modo (eficaz!) de destruir o futuro das pessoas: impedi-las de estudar, não lhes dar tempo e condições para crescer intelectual, humana e profissionalmente.

O conhecimento faz as pessoas nascerem de novo. Em francês, a palavra *connaissance* permite um trocadilho, proposto pelo poeta Paul Claudel: "*toute naissance est une co-naissance*". Todo nascimento é um conhecimento, e todo o conhecimento é um conascimento. Nascer é conhecer coisas novas, é sair à luz, é expor-se ao futuro.

Conhecer, por outro lado, é conascer, é "nascer com" o futuro. Quem conhece, quem estuda, quem aprende, renasce, renova-se, e por isso poderá oferecer novas ideias para a empresa, poderá participar das reuniões com outra presença, poderá fazer críticas mais pertinentes, acompanhadas por soluções mais arrojadas e criativas.

Quem conhece, e renasce nesse conhecimento, precisa deixar que algo morra. Nunca somos as mesmas pessoas depois que aprendemos algo. Depois da leitura de um livro, algo morreu em nós e algo nasceu em seu lugar.

Lendo um bom texto sobre filosofia, morrem em mim alguns preconceitos, algumas ingenuidades, alguns receios, algumas teimosias. E nascem em mim novos raciocínios, novos argumentos, novas crenças, novas esperanças. Ouvindo uma aula sobre as últimas descobertas da física, morrem em mim algumas ignorâncias, e nasce em mim um novo ponto de vista sobre a realidade.

Ao participar de um curso, ao fazer uma viagem, ao ser convidado para realizar pesquisas de ponta, ao ganhar uma bolsa de estudos para aperfeiçoamento acadêmico em outro país, sou chamado a realizar uma renovação em mim. Algo de obsoleto morrerá em mim, para que algo de novo passe a existir.

Mas podemos arriscar um outro trocadilho, à brasileira, em consonância com o trocadilho de Claudel: se eu conheço, eu começo. O conhecer é um começar, ou um recomeçar. À medida que crescemos, vamos abandonando roupas, lugares, hábitos, ambientes, e adquirindo novas roupas, frequentando novos lugares, reavaliando antigos hábitos, recriando ambientes.

Como seres futurantes, estamos sempre recomeçando. Os destruidores do futuro, porém, odeiam recomeços. Fingem que nada acabou. Matam os impulsos de curiosidade, de mudança. Congelam o presente, como se não houvesse passado ou futuro, como se ontem e amanhã estivessem dentro de um eterno presente.

Os exemplos a seguir referem-se a serviços públicos, mas podem simbolizar o comportamento de quem, em empresas privadas, ou em sua vida privada, extermina o seu futuro e o dos outros.

Em maio de 2009, o jornal *O Globo* publicou matéria sobre os contínuos atrasos na construção de uma nova delegacia de polícia para a cidade de Macaé, no Rio de Janeiro. Os adiamentos se acumulavam. Primeiro, o projeto não cabia no terreno existente. Depois, não foi possível desapropriar todas as casas antigas que ocupavam parte do terreno. Num terceiro atraso, a desculpa eram problemas jurídicos inesperados. Outros três prazos não se cumpriram. E novos atrasos estavam previstos, pois seria preciso equipar a nova delegacia antes da inauguração. Enquanto isso, na delegacia antiga, funcionando em situação precária... ainda se usavam máquinas de escrever!

Em fevereiro de 2011, o novo presidente da Assembleia Legislativa do Estado do Paraná, ao assumir o cargo, dizia numa entrevista à rádio Band News que era necessário informatizar toda a Assembleia: "Vivemos cercados de papéis, e aqui ainda se usa máquina de escrever."

Mais recentemente ainda, em março de 2011, um jornal da Bahia denunciava a existência de cartórios extrajudiciais em Feira de Santana muito longe de qualquer modernização, ainda utilizando máquinas de escrever, motivo para atrasos e filas quilométricas.

São notícias que nos mostram, em pleno século XXI, o uso de uma ferramenta do passado, como se o tempo tivesse parado. Ninguém pensou em atualizar esses servidores públicos? Em aperfeiçoar serviços fundamentais para o cidadão? Estava tudo ótimo... como sempre?

AS **PALAVRAS-CHAVE** SÃO

- Bacana
- Perfeccionismo
- Consciência
- História
- Investimento
- Criatividade

O TRABALHO DO FUTURO

> "O futuro é a única propriedade
> que os senhores concedem
> de boa vontade aos escravos."
> ALBERT CAMUS

Quem, no Brasil, tinha mais de 25 anos de idade em 1992 podia avaliar (ou simplesmente sentir na própria pele) as turbulências da vida política e socioeconômica do país. Naquele ano, o presidente eleito foi deposto por um *impeachment*, a hiperinflação voltava com toda força, a desesperança e a perplexidade tomavam conta de nossas conversas em casa e entre amigos, eram a tônica nos artigos publicados na imprensa, nas reuniões de trabalho nas empresas.

Entre 1992 e 1999, para desalento de todos, a taxa de desemprego no país cresceu além do suportável. Mais pessoas queriam ingressar no mercado de trabalho, mas era pequena a geração de empregos formais. Os economistas que estudam aquela década falam em aumento da desigualdade social. As famílias mais ricas não foram muito afetadas pelo baixo desempenho da economia nacional, mas as mais pobres, sobretudo as localizadas no Nordeste, sentiram o baque. Em outras palavras, se os desempregados estavam em situação delicada, procurando atividades informais para sobreviver, os empregados empobreceram um pouco mais e perderam poder de compra.

O Brasil queria ser um país do futuro, mas a retomada do crescimento, apesar de alguns surtos de esperança, não se concretizou naquele final de século. Felizmente (porque até hoje se diz que Deus é brasileiro...), nenhuma tragédia ocorreu, é bem verdade, nem retrocedemos para uma nova ditadura, o que seria o pior de todos os desfechos. A palavra "estagnação" seria mais adequada. As pessoas e empresas buscavam alternativas, aprendiam a tirar leite de pedra. E, mal ou bem, o leite aparecia. Entrou em cena o conceito de "terceirização": empresas maiores contratando menores, algumas delas formadas pelos ex-empregados das maiores...

Na década de 1990, o emprego reduziu-se fortemente em setores como atividades financeiras, extração mineral e serviços de utilidade pública e, em muito relativa compensação, cresceu de maneira pulverizada em áreas como comunicação, comércio, alimentação, serviços pessoais, serviços domiciliares, diversão, saúde e educação. Quem naquele período estava na labuta diária terá algumas histórias nem sempre muito divertidas para contar.

Esgotava-se um período, esgotava-se um discurso. Compreende-se, assim, em parte, a vitória política da oposição. O milênio terminou, mas o mundo não acabou. Nossas máquinas não explodiram com o famoso *bug*, e os japoneses, honrando a fama de povo previdente, às vésperas do fim do futuro, imprimiram em papel todo o conteúdo dos seus computadores!

> **O Brasil não se tornou o país do futuro, mas o futuro não destruiu o Brasil.**

Entre o risco Brasil e o "risco Lula", a maioria da população brasileira optou pelo segundo como solução para o primeiro. Em 2002, um ex-operário pernambucano foi eleito presidente da República, prometendo um crescimento econômico espetacular e uma arrojada política social de inclusão. Apesar do clima de novidade, apesar do entusiasmo, numa das primeiras pesquisas de opinião após o começo da era Lula, o desemprego ainda surgia como o maior problema do país (Datafolha, 2003), superando a fome, a violência e a combalida saúde pública.

Dois anos depois, em 2005, o país tinha de si mesmo uma percepção menos negativa. Uma parcela da população brasileira que inicialmente temia não encontrar no governo do PT capacidade para governar a nação começou a mudar de ideia. Os indicadores positivos na área econômica fomentavam o otimismo. Sentia-se que o passado recente (décadas de 1980-1990) ficara para trás. O empresário Herbert Demel, em entrevista para o jornal *O Estado de S.Paulo* em 24/12/2011, lembrou, que, entre 1997 e 2002, "uma gripe nos EUA ou na Europa virava infecção pulmonar no Brasil". Vários banqueiros (aliviados!) afirmam hoje que a gestão Lula se mostrou mais ortodoxa do que imaginavam, e que o presidente conduziu o país com eficiência.

A estabilidade econômica era uma realidade que se desenhava e se consolidava. Os grandes empresários deixaram de temer o "comunismo" de Lula. Ao mesmo tempo, o Programa Bolsa-Família ampliava seu alcance — de 6,6 milhões de famílias em 2005 para 11,2 milhões no final de 2006 —, gerando fatos novos no mundo real dos mais pobres, numa política compensatória que se demonstrou acertada.

Essa transferência de capital não é esmola, mas um gesto condicionado. Exige-se das famílias que, em contrapartida à ajuda econômica, façam os filhos frequentarem a escola e mantenham as vacinas em dia. Famílias que lutavam pela sobrevivência começaram a experimentar um certo alívio. Um jornalista de São Paulo, enviado ao Nordeste para pesquisar os efeitos do Bolsa-Família com a recomendação expressa de registrar e divulgar os aspectos mais negativos, voltou de lá com uma notícia (ruim para a pauta do editor e boa para a agenda do Brasil): o dinheirinho que chegava naquelas terras aquecia o mercado, movimentava o capitalismo incipiente daquelas regiões sofridas, produzia futuro numa terra cansada de passado.

Órgãos internacionais como o Banco Mundial elogiam o Bolsa-Família enfaticamente e o apresentam como solução criativa, corajosa, humanizadora. Vários países na América Latina e na África seguem esse roteiro para dar fôlego à sua gente. E é interessante observar que até a prefeitura de Nova York, em 2007, adotou um programa de transferência de renda inspirado na experiência brasileira.

O governo Lula se desdobrou no governo Dilma, em 2011. Tanto um quanto outro continuam atraindo pesadas críticas de setores da sociedade que desejam para o Brasil um outro projeto político, ou outro estilo de governar. Não é o momento de discutir essa questão, que extrapola os objetivos deste livro. Quem tem razão, onde estão os erros de cada um e quem tem propostas melhores... o futuro dirá.

Do ponto de vista do mundo do trabalho, quanto à gradativa redução do desemprego, leiamos manchetes do período 2006-2010: "O índice de desemprego no país em 2006 foi o menor desde 1997", "IBGE mostra que desemprego em 2007 foi o menor em cinco anos", "desemprego em 2008 é o menor em seis anos", "segundo o IBGE, a taxa de desemprego no Brasil em 2009 não sofreu alteração em relação a 2008", "desemprego no Brasil em 2010 é o menor em oito anos"... (Segundo os analistas, 2011 mantém os índices do ano anterior.)

As informações que acabo de trazer, necessariamente parciais, breves e muito genéricas, são apenas uma forma de instigar você a pensar no passado, e no futuro do trabalho. Descendo ao nível do cotidiano concreto, não esquecendo as crises pelas quais passamos, as dificuldades e as conquistas do passado, a ideia é que possamos refletir sobre o futuro como lugar do trabalho. Do meu trabalho. Do seu trabalho.

> **Uma pergunta que ajuda sempre a pensar no futuro é esta: qual é o contrapeso?**

O impulso para o futuro tem o passado como contrapeso, como lastro, como sombra. Não avançamos nem subimos, não andamos nem corremos totalmente livres do passado. O passado é o que não passou, é o que nos persegue para sempre. Ajuda e atrapalha. Traumatiza e equilibra. É história que pesa e dá firmeza.

O balão dirigível, um aeróstato, vai subir. Quer subir. Impulsionado por um gás mais leve do que o ar, anseia o infinito, deseja alcançar o céu, furar as nuvens, vencer a camada atmosférica, chegar à lua, tocar o sol. Mas (felizmente ou infelizmente) há um conjunto de sacos de areia amarrado à sua barquinha. Vamos nos livrando de um, e de outro, para poder subir aos poucos. Não é prudente (prudência como sinônimo de inteligência) nos desfazermos de todos os sacos, ou a subida será rápida demais, perigosa.

E é um lastro nosso, intransferível, um peso que temos de carregar, pois faz parte da nossa história e nos define: somos um país em que a maioria dos trabalhadores é mal remunerada (haja vista a situação emblemática dos professores brasileiros, profissão sem atrativo financeiro para os jovens) e em que se verifica uma das maiores concentrações de riquezas jamais vistas, ao lado de uma perversa desigualdade social.

Não é prudente querer apagar o passado, ou fingir que ele não é o que é. Passado negado é passado indigesto. Todo passado apagado volta ainda pior. O demônio exorcizado vai, pega mais uns trezentos demônios com ele, e essa legião invade a casa de onde o primeiro foi expulso.

Devemos conviver com o passado, por pior que tenha sido. Conhecê-lo. Aceitá-lo como uma realidade. Um livro sobre o futuro não pode esconder o passado. Quando você pensa no seu futuro, nos seus próximos 20, 30 ou 40 anos de vida profissional, não pode esquecer a escola em que estudou, a faculdade em que se formou, os seus primeiros empregos, as suas primeiras vitórias, os seus primeiros fracassos, e tudo mais: sua infância, sua adolescência, os eventuais problemas familiares, as experiências negativas e as positivas, e os possíveis traumas e sofrimentos que marcaram a sua existência até agora.

> **Tudo isso foi, é e será fonte de aprendizado para o futuro.**

Não esqueçamos o passado, em termos pessoais e coletivos. (Passados pessoais se entrecruzam e geram passados coletivos.) Façamos um esforço de leitura e pesquisa para dimensionar o que aconteceu. Em termos de distribuição de renda, por exemplo, o que temos de essencial a saber?

Em 1972, os 10% mais ricos no Brasil detinham 50,6% da renda nacional. No final da década de 1990, os 10% mais ricos detinham

48% da renda nacional. Em 2005, os 10% mais ricos detinham 46,2% da renda nacional. Em 2011, estima-se que os 10% mais ricos detinham 43% da renda nacional. São números apenas, que mostram o balão subindo, os sacos de areia sendo jogados ao chão, um a um, pouco a pouco. Continuamos em busca de um equilíbrio entre o impulso para o alto e o contrapeso.

Isso nos faz pensar em liberdade. A filósofa e escritora Simone de Beauvoir dizia, de uma forma um tanto crua, que a emancipação da mulher começa quando ela tem o seu próprio dinheiro. E o jornalista Élio Gáspari escreveu algo tão ou mais realista, sem eufemismo: que para a população, ou seja, para as pessoas comuns, dinheiro é coisa tangível, e se usa para encher a geladeira e pagar as contas.

O dinheiro não é sujo (nem precisa, em tese, ser lavado...), quando obtido mediante o trabalho sério, trabalho feito e benfeito (se possível) com amor... e devidamente remunerado, é claro.

A antiga máxima revolucionária de que os trabalhadores explorados, famintos, humilhados não tinham nada mais a perder... a não ser os seus grilhões faz pensar que, hoje, apesar de todos os discursos a favor da dignidade humana, e apesar dos benefícios (que nem sempre se transformam em direitos), ainda existem senhores que escravizam, e, por outro lado, ainda existem escravos sem alternativas, escravos que não sabem se libertar (penso na escravidão dos trabalhadores de telemarketing).

Os grilhões das últimas décadas ficaram mais sofisticados. Muitos escravos estão presos por grilhões leves e invisíveis. Como poderemos nos livrar do que não vemos, do que parece não existir? A escravidão moderna é menos explícita, e mais arraigada.

Os escravos modernos nem parecem escravos. Essa nova escravidão começa no campo do invisível, no campo das ideias, no campo das emoções, dos afetos e dos desejos, no campo da imaginação e da sensibilidade. Os crédulos e ingênuos são escravos pacíficos, domesticados. Não recebem chibatadas reais (e parecem não sentir como humilhação os bilhões de reais que a corrupção manipula com desembaraço). Enquanto os corruptos (traidores da pátria) vivem à larga, milhões de trabalhadores passam por situações de "aperto" cotidiano (nos meios de transporte, literalmente), embalados por belas propagandas políticas, programas de TV alienantes, discursos políticos demagógicos e... benefícios (a cesta básica, por exemplo, cujo nome técnico é "ração essencial mínima") que "salvam a lavoura".

> Como cantava Chico Buarque em outros tempos, o escravo agradece, e grita: "Deus lhe pague!".

Alguns teóricos, a serviço dos que escravizam, produzem um mundo onde "os outros" sobrevivem, trabalhando em condições difíceis, por uma remuneração mínima, ou quase. As melhores soluções são prometidas para o futuro distante. O presente é esticado e apresentado como uma longa e necessária (e eterna?) transição.

Esses teóricos (imbuídos do pensamento neoliberal), que escrevem os discursos oficiais, que alimentam as informações econômicas, chegaram a dizer, sobretudo nos momentos mais críticos de desemprego nacional (a partir de meados da década de 1990, diante do acelerado processo de desnacionalização), que não havia propriamente desemprego. O mundo da economia estava se reestruturando.

Na verdade, havia um problema muito sério chamado "inempregabilidade". Quem utilizava esse termo enganoso, com a desenvoltura de um cientista social, era o ministro do Trabalho Edward Amadeo, que ocupou esse cargo entre abril e dezembro de 1998.

A inempregabilidade do desempregado... Ou, em outras palavras, inempregáveis são as pessoas excluídas do jogo profissional e social, que vivem na instabilidade, na precariedade, na insegurança física e psicológica, na provisoriedade, vítimas de sua falta de aperfeiçoamento técnico, de sua baixa escolaridade, da idade que vai chegando (desempregados com mais de 35 anos já são considerados "velhos" pelo mercado), às vezes já habituados ao trabalho informal, aos biscates, ao "jogo de cintura", sem eira nem beira.

E quanto mais tempo fora do jogo oficial, menos atualizados se sentem, menos aptos se encontram, e os empregadores raciocinam: "quem está esse tempo todo desempregado... não deve ser bom para trabalhar... é mais um entre tantos seres inempregáveis".

Podemos pensar o trabalho do ponto de vista científico, elaborar noções sofisticadas, avaliar estatísticas, ler ou produzir estudos acadêmicos... mas, mais importante e decisivo — precisamos pensar na realidade das pessoas. E em nossa própria realidade!

Avalie você, neste momento, a sua atual situação de trabalhador brasileiro. Você é uma pessoa livre? Trabalha em liberdade? Sente-se preparado para fazer o melhor? Você se atualiza? Você ama... ou suporta o que faz? Mais do que pressionado, você se sente oprimido pelos prazos, pelos horários, pelo excesso de cobranças... e pela ameaça da demissão sumária? São perguntas sobre o seu cotidiano, sobre o tempo presente. Tais perguntas nos levarão a tomar decisões, aqui e agora, para construir um futuro melhor.

Pense no papel central que o trabalho ocupou e ocupa em sua existência. A centralidade do trabalho em sua vida se justifica por ser instrumento e ocasião de crescimento humano. Além de trazer o seu sustento material e o daqueles que você ama, o trabalho nos leva mais longe, porque, como cantavam os Titãs no final da década de 1980: "A gente não quer só comer, / A gente quer prazer pra aliviar a dor. / A gente não quer só dinheiro, / A gente quer dinheiro e felicidade. / A gente não quer só dinheiro, / A gente quer inteiro e não pela metade".

AS PALAVRAS-CHAVE SÃO

- Brasil
- Política
- Trabalho
- Providência
- Aprendizado
- Empregabilidade

ESTUDAR PARA O FUTURO

> "O verdadeiro futuro é hoje."
> MIGUEL DE UNAMUNO

Os estudiosos e futurólogos divergem, mas algumas projeções indicam que, num cenário otimista, o Brasil será, em 2050, a quarta economia mundial (sendo China a primeira, Índia a segunda e EUA a terceira).

◉ **Espero que você e eu estejamos vivos até lá! O que é bem possível.**

E, até lá, o que faremos? O futuro é aqui e agora, começa neste minuto. O que você anotou na sua agenda para fazer hoje? E amanhã, que tarefas estão previstas? E para a semana que vem? A agenda é uma forma de tomar conhecimento do tempo democrático. O escritor C.S. Lewis dizia que o futuro é algo que todo mundo alcança a uma velocidade de 60 minutos por hora. A diferença está no modo como "preenchemos" os minutos, as horas, os dias...

Aos alunos que me pedem conselhos sobre como organizar o tempo de estudo, costumo sugerir que estabeleçam ao menos quatro tarefas fixas todos os dias. Uma logo de manhã, outra no começo da tarde, outra no final da tarde, outra à noite. Tarefas determinadas, tendo em vista atingir certos resultados.

Digamos que eu esteja fazendo uma pesquisa para escrever minha dissertação de mestrado ou a tese de doutorado. Quais as quatro tarefas fixas de hoje para que a pesquisa avance? Por exemplo: ler um artigo de dez páginas de manhã, procurar um livro no começo da tarde (no site Estante Virtual, por exemplo), dar um telefonema para o orientador no final da tarde e, à noite, esboçar uma página com algumas considerações que poderão ser aproveitadas no texto final.

Essa é uma sugestão apenas. O importante é cada pessoa criar um método de pesquisa adaptado às suas circunstâncias. Porque pesquisa, estudo, leitura são atividades vitais para qualquer profissional do futuro. Não nos basta ser trabalhadores honestos e pontuais. Na década de 1940, as pessoas, em geral, conseguiam viver relativamente tranquilas, tivessem saúde e vontade de trabalhar. Se cumprissem os seus deveres, se fossem humildes e dedicadas, a vida profissional ia se fazendo. No futuro, a aposentadoria seria o coroamento, o prêmio. Ou a morte chegava quando a pessoa tinha seus 45 anos (a expectativa de vida era muito baixa em comparação com a de hoje), e o futuro eterno se fazia presente.

Hoje, sem estudo, nada feito. Ou tudo feito mais ou menos. Não deixemos de reivindicar a ajuda do Estado para aqueles que vivem à margem do jogo social e profissional. Mas isso é ajuda que vem de fora. A melhor ajuda é a que vem de dentro. A verdadeira autoajuda chama-se aperfeiçoamento pessoal. Estudar, ler, aprender, pesquisar, frequentar cursos, assistir a conferências, participar de simpósios e congressos, qualificar-se, pensar por conta própria (como se fosse possível pensar por conta alheia...), criar um sistema pessoal de convicções, ampliar os saberes, descobrir novas habilidades. Tudo isso é imprescindível para a vida de cada um.

○ **O futuro está aqui, dentro de mim.**

Para que o futuro presente que habita em você se revele, é preciso estudar todos os dias, e estudar cada vez melhor. Seja qual for a sua profissão. Seja qual for a sua idade. Sejam quais forem as suas aptidões intelectuais e emocionais. Seja qual for o seu estado civil. Seja qual for o seu estado de saúde. Seja qual for a cidade em que você vive, pequena, imensa, rica ou pobre. Sejam quais forem as suas limitações (e todos temos limitações, mais ou menos evidentes, mais ou menos severas). Seja qual for a sua situação financeira. Seja qual for o seu *curriculum vitae*.

"Ler é mais importante do que estudar", diz o cartunista Ziraldo. Quando me refiro a estudar o futuro, não se trata de um acúmulo de instruções. A leitura constante, variada e criativa é o melhor exemplo de estudiosidade. Leitura de futuro.

A leitura nos ajuda a ler a vida presente e, nas entrelinhas, o futuro. Raduan Nassar, autor de *Lavoura arcaica*, concedeu em setembro de 1996 uma entrevista aos *Cadernos de Literatura Brasileira do Instituto Moreira Salles*. Genial entrevista em que, a certa altura, o escritor responde a uma pergunta sobre a importância de ler:

> Todo texto que consegue passar a vibração da vida é um texto que vale, na minha opinião. Nesse sentido, entre os antigos, que jamais poderiam imaginar a avalanche de publicações que ocorreria dois milênios mais tarde, há os que escreveram coisas mais interessantes que as vanguardas deste século, levando-se em conta que a espécie não mudou de lá até os nossos dias. Se eles são mais interessantes, é porque tiveram pouca experiência livresca, punham um olhinho nos pergaminhos e um Baita Olhão na vida.

Numa sociedade utilitarista, império do efêmero, ler não parece trazer resultados práticos. Esquecendo-se os *best-sellers*, que em geral vendem muito por serem muito superficiais, os livros de conselhos descartáveis e os romances água com açúcar (não esquecendo, porém, que tudo isso movimenta o mercado editorial e até permite que algumas editoras publiquem obras menos vendáveis, mas superiores em forma e conteúdo), o "resto" seria para especialistas e eruditos.

No entanto, ler é útil para todos os mortais, se pensarmos num âmbito que podemos qualificar de "espiritual". Esse âmbito engloba tudo aquilo que, no passado, a humanidade desejou de melhor para si mesma, incluindo-se a religiosidade, sem se restringir a ela. Espiritual é todo aquele sopro de vida que dá sentido à vida. O futuro depende dessa espiritualidade.

> Uma inegável utilidade da leitura: fazer-nos descobrir o tempo ocioso, o tempo do espírito, no qual não há espaço, no qual já habitamos o futuro.

A leitura como estudo (ou o estudo como leitura) cria espaços onde não há, cria tempo onde o tempo é curto. Aprendemos a nos libertar da necessidade premente, das urgências angustiantes. A leitura que leva ao estudo nos permite pensar em nós mesmos, nas pessoas que amamos, no futuro mais distante, nos valores que estruturam nossa existência, na verdade diante da qual ou em contraste com a qual buscamos nossas verdades pessoais. A leitura nos ensina que podemos fazer vários exercícios de ócio.

O ócio abre um abismo de luz. No momento de ócio, quando não fazemos nada... folheando sem pressa um livro, admirando sem pressa a natureza, tomando um vinho sem pressa, contemplando uma pintura sem pressa, ouvindo uma música sem pressa, fazendo uma prece sem pressa, conversando sem pressa com pessoas inteligentes e interessantes, estamos simplesmente fazendo tudo.

A palavra latina *otium*, da qual proveio "ócio", era palavra positiva e não significava vagabundagem ou coisa semelhante. Trabalhava-se (ou alguém trabalhava pelos outros) para que se vivesse o ócio. Daí a inserção do vocábulo *nec* (com sentido negativo) para criar o *necotium*, isto é, o não ócio, o negócio, a negociação, todo esse esforço ingente para obter recursos e, só então, com esses recursos em mãos, as pessoas se dedicarem a algo bem mais importante e vital.

> A leitura nos permite reaver um pouco desta distinção entre o urgente da sobrevivência imediata e a muito mais importante necessidade de que nos humanizemos.

Na leitura, sobretudo na leitura da literatura em geral (e da poesia em particular!), recuperamos a liberdade agrilhoada pelo relógio escravizante. A pressão do tempo desaparece. Perdemos tempo e o perdemos com alegria. Treinamos nossos sentidos externos e internos para rever a vida, para escapar das obsessões consumistas e gananciosas, obsessões que levam tantas pessoas ao colapso financeiro, físico, moral e psíquico.

Ler os contos de Julio Cortázar, de Dalton Trevisan, de Murilo Rubião, e ler os ensaios de Elias Canetti, de Jean Baudrillard, de Roland Barthes, de Gilbert Chesterton, e ler os poemas de Carlos Drummond de Andrade, de Cassiano Ricardo, de François Villon, e ler os romances de José Saramago, de Paul Auster, de Clarice Lispector, e ler as crônicas de Rubem Braga, de Fernando Sabino, de Ruy Castro, e ler filosofia, crítica de arte, sociologia, psicologia, história, teologia, e ler literatura infantil, e ler textos humorísticos, e ler textos dramáticos, ler isso e muito mais (pois quem lê ganha tempo, ganha futuro), ler pelo gosto e pela vontade disciplinada de ler (isso é estudo em essência!), essa leitura nos apresenta um outro ritmo de existência.

O cotidiano, carregado de patologias, é colocado entre parênteses, e abrem-se perspectivas para que esse mesmo cotidiano seja reencontrado em sua mais profunda complexidade e beleza.

Por mais hostis que sejam as condições de uma vida, a leitura sempre atua como salvação. Salvação de tipo profissional, se minha leitura é de livros didáticos, livros técnicos, mas (o que engloba tudo) salvação ainda mais profunda, existencial, quando nos abre os olhos para a vida.

A leitura é sempre futuro, na medida em que alarga a imaginação. Olhar para a vida sem imaginá-la é como fotografar com a mão colocada na frente da máquina. Para ler a vida com objetividade precisamos de metáforas, de parábolas, de categorias filosóficas, de poesia. Precisamos nos realfabetizar no alfabeto real da leitura criativa. Precisamos elogiar a leitura de textos que elogiem nossa capacidade de autorrecriação.

A leitura, para começar, é encontro único entre leitor e livro, ou entre leitor e autor, sem pressas, sem desejo de demonstrar nada. Um encontro.

Esse encontro, entre muitíssimas características, carrega a possibilidade da surpresa, da tomada de consciência. Faz algum tempo, se você me permite a confidência, tive uma surpresa dessas. Eu ainda precisava entender certo acontecimento da minha vida, um período existencial em que perdera a clareza do rumo. Na prática, já havia superado tudo, mas na teoria (que é a prática interior, a visão interior) ainda faltava compreender exatamente o que acontecera. E enquanto estava lendo um texto de Clarice Lispector... fez-se luz.

O texto chama-se "O amor conquistado" e está narrado na primeira pessoa. A primeira pessoa é a própria Clarice, mas, no fundo, cada leitor que lê o texto assume a autoria. O encontro da leitura é assim, um ato de cocriação.

A narradora/autora conta que conversava na rua com um amigo. E de repente veem um homem caminhando na direção deles. Um homem com um cachorro puxado pela coleira. Logo percebem, no entanto, que o bicho não era um cachorro. Possuía atitude de cachorro. Possuía um jeito de ser de cachorro. O homem também tinha uma atitude de quem trazia um cachorro pela coleira. Mas o focinho acompridado e o rabo longo e duro denunciavam que aquele cachorro não era um cachorro.

O amigo levanta a hipótese: "Pode ser um quati". Clarice duvida, ou aquele quati seria o quati menos quati que alguém já vira na face da terra, em plena cidade grande. Um quati resignado e enganado. Num segundo momento, ela se dá conta de que está em dúvida porque o próprio bicho "já não sabia mais quem ele era, e não podia, portanto, me transmitir uma imagem nítida".

O homem está passando: "Sem um sorriso, costas duras, altivamente se expondo", protegendo o seu sonho na coleira. Clarice pergunta ao homem com humildade: "Que bicho é esse?".

O homem, sem deter-se, respondeu. Era quati mesmo. Um quati que pensava ser um cachorro. Um quati que se desconhecia como quati. O quati, porém, começa a desconfiar de algo. Sente-se meio estranho. Depois de um dia de cachorro, experimenta a inexplicável melancolia. Acredita que é um cachorro feliz... mas sabe, no íntimo, que é um quati infeliz. O seu dono não revela a verdade porque não quer perder a companhia de um cachorro que é um quati. Nasce, secretamente, um ódio do quati contra esta farsa. No fundo, o quati quer se libertar da confusão em que se encontra. Eis o final do texto, revelador:

> Mas se ao quati fosse de súbito revelado o mistério de sua verdadeira natureza? Tremo ao pensar no fatal acaso que fizesse esse quati inesperadamente defrontar-se com outro quati, e nele reconhecer-se, ao pensar nesse instante em que ele ia sentir o mais feliz pudor que nos é dado: eu... nós... Bem sei, ele teria direito, quando soubesse, de massacrar o homem com o ódio pelo que de pior um ser pode fazer a outro ser — adulterar-lhe a essência a fim de usá-lo. Eu sou pelo bicho, tomo o partido das vítimas do amor ruim. Mas imploro ao quati que perdoe ao homem, e que o perdoe com muito amor. Antes de abandoná-lo, é claro.

Certamente, meu encontro com esse texto é intransferível... intraduzível. O quati — sou eu. O quati conversa comigo. O quati e eu nos entendemos. Mas outras pessoas poderão ter com o quati desse texto uma experiência semelhante, à medida que sintam o que Clarice sentiu e contextualizem em suas próprias existências o que Clarice expressou.

Clarice expressa sua curiosidade por um bicho (a escritora tem outras geniais intuições diante de animais e insetos, em sua obra) que não se conhece, que não se interpreta corretamente. Ela toma o partido de um bicho (poderia ser um bicho humano) que se deixou capturar por alguém, que foi manipulado por alguém. Esse alguém é carente, com uma carência que o leva a inventar um cachorro na pele de um quati. E o quati renuncia à sua "quaticidade" (à sua essência de quati) e aceita uma "cachorricidade" que não é sua. E por que aceita? Outra forma de carência? E por que o dono do quati não tinha optado por um cachorro mesmo, por um cachorro real? Cachorros são cachorros, quatis são quatis, mas aquele homem quis o quati numa coleira. E o quati se fez cachorro.

> **Uma leitura como esta pode ser decisiva para o futuro de uma pessoa.**

No início, era a escola. E a escola, como escreveu Kafka, destrói a curiosidade das crianças, num primeiro momento, para depois lhes impingir as mentiras dos adultos.

No início, entre as mentiras que a escola nos ensina, uma se destaca especialmente: a ideia que se impõe é de que devemos ser bons em tudo. Só teremos futuro (só poderemos "passar" para o ano que vem, só poderemos ingressar na universidade e só poderemos ser aceitos no mundo do trabalho) caso tenhamos um desempenho exemplar em todas as matérias, em todas as disciplinas. Ou, pelo menos, um desempenho medíocre em todas elas.

Essa mentira é agravada porque esse "todas elas" é outra mentira. "Todas" as disciplinas e matérias não são todas. A escola não nos oferece (sozinha jamais oferecerá) uma infinidade de saberes, experiências e descobertas: astronomia, sapateado, serralheria, marcenaria, vidraria, jardinagem, teatro, mosaicismo, centenas de instrumentos musicais a aprender, centenas de modalidades esportivas a praticar, aquicultura e pintura, escultura e inscultura, apicultura e outras maravilhosas "turas", como brincava Julio Cortázar.

A mentira vai associada a uma proibição. Está proibido ser muito bom em duas ou três matérias e ruim ou péssimo nas demais. Essa mentira sobre nós mesmos se perpetua pela vida afora. E depois, nós, adultos, faremos com nossos filhos e alunos o que fizeram conosco: destruiremos sua curiosidade para lhes impingir as nossas mentiras.

Voltando ao texto de Clarice Lispector: não conseguimos nos libertar da falsa ideia de que somos um cachorro. A nossa essência continua escondida.

O estudo (que muito tem a ver com autoconhecimento) pode despertar nossa consciência. Pode nos fazer descobrir o segredo sobre nós mesmos. Quando eu descobrir o quati que sou (com um cheiro típico de quati, com nariz pontudo, aquele modo de andar próprio de quatis), serei reprovado por não ser cachorro. Em compensação, poderei desenvolver melhor o que sou: o trabalhador do futuro que dorme em mim.

AS PALAVRAS-CHAVE SÃO

- Aperfeiçoamento
- Estudo
- Leitura
- Espírito
- Ócio
- Profissão

SABEDORIA DO FUTURO

> "O problema com o futuro é que ele continua se convertendo em presente."
>
> BILL WATERSON

◉ **Mais do que previsões, o futuro precisa de nossas ações.**

O futuro é uma das dimensões da história humana, e da biografia de cada ser humano. História é algo que se conta e que se escreve dia a dia. É algo que se cria. Somos seres biográficos. De certo modo, estamos escrevendo com nossas decisões e ações cada página de nossa existência. Cada página dessas se soma às inumeráveis páginas de outras tantas biografias, que, unidas, vão compor o Livro da Humanidade, no qual se movimentam, pensam, brigam e amam, choram e riem, vivem e morrem bilhões de personagens. Neste Livro, a que só um Leitor Divino terá acesso, há uma densidade de vida humana incalculável, incomensurável.

Steve Jobs disse certa vez que daria tudo para conversar pessoalmente com o filósofo Sócrates. Faz sentido. Um homem rico, bem-sucedido, que podia comprar tudo, que gerava conhecimento de ponta, que era criador de parcelas de futuro — este homem sabia perfeitamente avaliar a importância da sabedoria.

Informações estão disponíveis e estarão, em proporções imensas, para um número cada vez maior de pessoas. Quem começou a usar a internet na década de 1990 sabe o que significava garimpar informação naquela época e o que significa mergulhar e se perder em todo tipo de informação hoje em dia.

A expansão do universo virtual nos faz sentir a nostalgia do encontro "real", como se o real (pobre real!) fosse uma alternativa, e não o contrário. Tornou-se mais fácil localizar uma pessoa no ciberesperaço do que encontrá-la pelo telefone fixo... se é que a pessoa ainda tem um telefone fixo.

Cobrar pelo conteúdo existente na *web* deveria arrancar de nós um sorriso condescendente. O melhor, a meu ver, é a seguinte equação: toda a informação, tudo e de graça, pela internet, mas se você quiser encontrar o ser humano que produziu aquela riqueza, deverá pagar por isso. Palestras on-line, vídeos, chats, aplicativos, educação a distância tão perto de nós... mas o contato ao vivo continuará sendo o grande momento, o encontro real com a "coisa" mais fascinante que já existiu — o ser humano.

Estaremos realmente preparados para o futuro? Não no que tange à tecnologia. A pergunta é outra. Ferramentas, aprendemos a usar em dois tempos. O que realmente exige tempo, paciência, é a sabedoria.

Tenho visto muitas cabeças cheias de informação, ou melhor, cabeças que funcionam como um conduto, pelo qual escoam informações, pelo qual vão fluindo palavras, dados, imagens, músicas, fragmentos de ideias, fragmentos de ideologia, dicas descartáveis, novidades da manhã que envelhecem no fim da tarde, citações (de autores que muitas vezes não se reconhecem nessas citações), piadas, o vídeo que "bombou", xingamentos que retratam preconceitos e ódios ocultos sob o terno e a gravata, comentários feitos por anônimos ou personagens *fakes*, novos avatares... e as coisas passam em vão, vão e vêm, ou nunca mais voltam.

O sociólogo polonês Zygmunt Bauman fala da nossa incerteza, da nossa falta de fundamentos, da ausência de finalidades ou de princípios universais — estamos aí, num mundo que vai para o futuro, sem saber se está indo em linha reta ou correndo em círculos. Estamos indo, indo... mas não temos clareza a respeito do lugar onde, misturados com a informação líquida, vamos desaguar...

Como navegantes dos infomares, vamos de site em site, de link em link, de Face em Face, de Twitter em Twitter, até o não fim, até a exaustão. Se no passado havia pessoas dependentes de telenovela, ou dependentes de intermináveis conversas ao telefone, vemos atualmente os viciados em ciberespaço, ou em joguinhos eletrônicos. O que uma pessoa sábia dirá dessa realidade? Ficará escandalizada, dirigindo palavras de maldição contra o inferno virtual?

E, enquanto isso, o conhecimento científico dobra de volume a cada década, ou a cada cinco anos... O presente encurtou-se demais, o passado se distancia e se desmancha, o futuro flui e nos atravessa em velocidade. As escolas e universidades insistem em nos ensinar coisas fixas e fatos consumados. No futuro, ou melhor, já agora, precisamos aprender a pesquisar melhor, analisar melhor, perguntar melhor.

> A sabedoria é a nossa chance
> de permanência na impermanência.

Que a tecnologia se aperfeiçoe sem parar, que a internet e o ciberespaço se desenvolvam dia a dia (de preferência como forças benignas), que possamos tornar realidade os mirabolantes sonhos dos futurólogos, dos escritores de ficção científica, dos visionários roteiristas do cinema! Por exemplo, que em 2030, para mencionar uma data não muito distante, um computador caseiro seja capaz de ler o movimento dos meus lábios e me responda, com o tipo de voz que eu tiver escolhido previamente, algo sobre o horário de um voo ou sobre a localização de uma pessoa. Que há de mal em desejar e imaginar essa loucura?

Muitos, aliás, já não se surpreendem com esse tipo de previsão. Ou de desejo. Não encaram isso como delírio, mas como continuação natural de tudo o que fizemos até agora. Será natural, no futuro (se atuarmos com criatividade humanista), viajar em ônibus aéreos, morar em casas-árvore, ou morar em arranha-sóis (arranha-céus que utilizam energia solar); será natural partilhar carros comunitários que interagem uns com os outros e evitam congestionamentos (com motores elétricos, limpos e silenciosos, como o escritor britânico Arthur C. Clarke já descrevia na década de 1960); será natural trabalhar em casa com mais conforto, utilizando os necessários recursos tecnológicos, e transformando o dia clássico (de 24 horas) num dia virtual, que envolva diversos fusos horários; será natural (e vital) que cada casa tenha um aparelho que transforme água do mar em água potável. Enfim, os voos da imaginação não têm fim!

O mais importante no futuro não serão os progressos materiais, mas a sabedoria adquirida para que esses progressos sejam feitos em nome de novos princípios (muito antigos!), princípios que falam da dignidade fundamental e inviolável do ser humano. A ciência e a tecnologia podem avançar à vontade, contanto que criemos coisas humanamente bacanas. Podemos e devemos investir em inovação, contanto que seja para criar soluções inteligentes para problemas crônicos da vida contemporânea.

De maneira não homogênea (porque no planeta, hoje, há pessoas cujo futuro é a morte próxima causada por coisas atrasadas como a fome, a guerra, o fanatismo e o preconceito), de maneira não linear, a tecnologia ocupará espaços e funções. O que alguns experimentavam no passado, o que muitos experimentam hoje, será o que a grande maioria experimentará no futuro. Pergunto de novo: estaremos preparados?

Entre várias questões que merecem reflexão, pensemos na privacidade. Este é um dos problemas mais preocupantes (para quem se dá ao trabalho de pensar e preocupar-se) do futuro... que já é presente. A privacidade morreu há muito tempo, em cumprimento à profecia ficcional do romance *1984*, de George Orwell. Somos visíveis, "seguíveis", localizáveis, nossos hábitos são rastreados, os segredos mais bem guardados das pessoas e das empresas, dos governos e das famílias estão à mercê dos olhares alheios.

Como avaliar essa falta de privacidade? Ou teríamos de (re)descobrir que em nós há "lugares" mais secretos e indevassáveis, aos quais ninguém tem acesso?

A pessoa sábia sabe viver na penúria ou na abundância. Relativiza o que deve relativizar. Não se impressiona com o poder dos poderosos, mas ao mesmo tempo jamais os subestima. Não teme que alguém "roube" as suas ideias porque, conforme dizia um escritor, ninguém será capaz de roubar as ideias que teremos amanhã.

> **É um ato de sabedoria, entre outros, não ter a aposentadoria como o grande objetivo da vida profissional.**

Devemos pleitear todos os nossos direitos, inclusive o da aposentadoria, mas não é sábio dar à aposentadoria mais importância do que possui. E, sobretudo, não é sábio aposentar-se existencialmente.

Perguntaram à esposa de Oscar Niemeyer, na festa de 104 anos do arquiteto, qual era o segredo de sua longevidade. A resposta foi muito simples: "A paixão pelo trabalho é o que absorve a cabeça dele, ele está sempre pensando em algum projeto novo".

> **A sabedoria cria permanência e coerência em meio à fluidez, à avidez, à hibridez.**

Existem caminhos para ser uma pessoa sábia. Não é tão misterioso assim. Em princípio, a escola deveria ser o lugar da sabedoria. Será preciso reinventar a escola, não há dúvida, porque em muitos casos, mesmo em instituições conceituadas... o conceito de aprendizado para o futuro não tem a menor presença em seus projetos pedagógicos.

A fundamental característica da busca de sabedoria é a autoformação, a autoconstrução. É um processo solitário, de certo modo, mas que não exclui a convivência, o encontro, o diálogo, a interação, a colaboração. Ou melhor, não existe autoformação saudável sem contato vivo e estimulante com a sabedoria dos outros.

Os processos autoformativos respeitam os interesses e os ritmos pessoais, têm uma gramática própria, uma forma própria de conjugar o futuro. Por outro lado, a formatação escolar, em geral, não entende e não contribui para essa autoformação. Por vezes a rejeita e a desencoraja abertamente. Baseada num processo cumulativo de informação e conhecimento, sem resolver os problemas decorrentes da fragmentação do saber, a escola promove... o tédio. Quando deveria, conforme o pensador francês Edgar Morin insistiu e insiste, preparar-nos para adquirir lucidez.

Do ponto de vista profissional, essa lucidez se traduz de vários modos. Por ser uma forma de luz, a lucidez é, numa primeira acepção, capacidade de ver. O que a pessoa sábia vê? Existe um diploma que garanta o aprendizado da visão?

Em seu *O pequeno príncipe*, Saint-Exupéry já havia nos explicado que "o essencial é invisível para os olhos". O que é valorizado por todos nem sempre é realmente valioso. A busca do essencial consiste em não se impressionar com as modas intelectuais ou com as críticas que recebamos.

Importante mesmo é ver e buscar o essencial, o *esse*, o "ser" (em latim), que está na formação da palavra "futuro" (*futurus*, particípio futuro do verbo *esse*), conforme já comentei no início do livro. O essencial é o ser, e o ser resiste ao tempo. O ser ultrapassa o tempo e a ele sobrevive. Daí a necessidade de procurá-lo. O encontro com o essencial fundamenta a lucidez, a sabedoria, e mantém vivo o interesse (também aqui, na palavra "interesse" aparece o verbo *esse*) pela vida.

O essencial nos torna pessoas interessantes. E nos permite dar respostas adequadas, respostas bacanas, talvez para as mesmas perguntas de sempre. O problema é que as respostas que valiam ontem perderam sua força e eficácia.

Gostamos de encontrar um profissional lúcido, sábio, inteligente, capaz de ver o que os outros não estão enxergando, ou capaz de entender o que ninguém está ouvindo.

Pensemos num dermatologista. O que ele vê para além da pele? "O que há de mais profundo no homem... é a pele", escreveu o poeta Paul Valéry. Na pele, temos de ver o essencial. Um dermatologista superficial não verá a alma na pele. Não verá que a alma humana é que tem pele. Na pele humana, explodem frustrações, sentimentos contraditórios, medos antigos, angústias, filosofias destruidoras, pesadelos mal interpretados.

Um exame dermatológico, para ver o essencial, que é invisível, requer do médico a sabedoria de penetrar na pele alheia, despojando-se de qualquer arrogância, distanciando-se de todas as verdades que já adquiriu. A sabedoria dermatológica consiste em saber aproximar-se da pessoa que sofre na pele, literalmente. Ao tocarmos a pele de quem sofre, atingimos o âmago da pessoa.

Na preparação profissional de um dermatologista, ou de qualquer outro especialista no campo da medicina, ou de qualquer outro profissional em qualquer atividade humana, enfim, em toda preparação de crianças, jovens e adultos para o trabalho, é preciso investir na busca da sabedoria.

> **Embora não exista nenhuma disciplina que ensine sabedoria!**

Não existe uma matéria chamada "Introdução à Lucidez", ou um curso chamado "Sabedoria: premissas e promessas". A própria filosofia, como disciplina escolar, muitas vezes não passa de estudo entediante de autores mortos. Muitas aulas de filosofia não ensinam o essencial, que é a experiência viva do filosofar.

A própria busca da lucidez requer, como condição dessa busca, uma boa dose de lucidez. Na própria busca da sabedoria profissional, o profissional precisa se aproximar do saber... com sabedoria.

A palavra "sabedoria" soa como algo antigo, perdido nas névoas do passado ultrapassado. Gostam dessa palavra os pensadores arcaicos, é verdade, mas um pensador arcaico não é um pensador obsoleto. Etimologicamente falando, "arcaico" se refere a *arkhé*, em grego, que significa "começo", "origem". O arcaico se volta para o que está na base, no início, na fonte essencial.

A autêntica formação, ou autoformação, não consiste essencialmente em preparar os jovens para disputar um lugar no mercado, e só. A educação arcaica, que conhece o princípio fundamental, vai ao passado que não passa, e no princípio está a formação do caráter e a descoberta do sentido da vida.

Hércules, por exemplo, para lembrarmos os ensinamentos gregos (arcaicos), cuja força física lhe trouxe mais problemas do que soluções, torna-se, no relato mítico, modelo de aluno. Hércules não é um mero super-herói. É um homem que precisou ser reeducado. Os doze desafios (os doze trabalhos) que aceitou enfrentar guardam lições de autocontrole, reflexão e abertura para a transcendência e o sagrado. Para o essencial.

Voltando à palavra "luz", há uma segunda acepção que nos interessa destacar para descobrir a qualidade da lucidez de um profissional em busca da sabedoria. É quando luz significa "ponto de vista". Uma frase, a título de exemplo: "Os fatos foram analisados à luz da Teoria da Aprendizagem Significativa".

> A teoria emite uma luz. Essa luz nos ajuda a entender certos aspectos da realidade analisada.

Escolher uma boa teoria que ilumine bem é um problema de ordem prática. E é uma questão de prática, no sentido de que precisamos — experimentando muito, e errando muito, e acertando muito — descobrir as teorias mais adequadas para diferentes problemas.

A sabedoria possui flexibilidade teórica. Não acredita que uma teoria dê conta de todos os recados. Quanto mais experiente é um profissional, menos sequestrado se sente por uma única maneira de teorizar sobre o mundo. A propósito, esse profissional cria a sua própria teoria, o seu próprio ponto de vista, para avaliar os problemas que precisa enfrentar em sua atividade.

Isso não significa que todas as teorias sejam iguais e possuam o mesmo valor. Mas significa, sim, que em todas as teorias podemos encontrar instrumentos e recursos para compreender realidades complexas.

Um médico de formação convencional não precisa rejeitar as terapias alternativas. Pode combinar conhecimentos, métodos, intuições. Nem sempre as coisas são excludentes. Dizia-me um médico sábio que gostava de "misturar" tratamentos, tendo em vista as circunstâncias concretas de cada paciente. Alopatia, homeopatia, fisioterapia, psicoterapia, acupuntura, aromaterapia, musicoterapia, biblioterapia... e outras luzes estão a serviço do ser humano.

O ser humano é o essencial. Todo profissional, ao adquirir pouco a pouco a necessária sabedoria, vai compreendendo que a especialidade mais importante é esta — ser especialista em ser humano, em ecologia humana. As teorias não são importantes em si mesmas, mas na medida em que favoreçam a felicidade de uma pessoa, de todas as pessoas, se possível.

Uma terceira acepção para "luz": a luz como *insight*.

Insight é quando os olhos da mente se abrem. E se abrem com alto nível de autocrítica. A consciência de si mesmo ganha intensidade. Chesterton dizia que a crítica mais penetrante é a autocrítica. A luz do *insight* ilumina por dentro. Não faz barulho. Não faz escândalo. Mas é nesse momento que mudanças decisivas podem acontecer na trajetória de uma pessoa.

Um *insight* não é suficiente. Ajuda, mas o crescimento na sabedoria é como um trabalho artístico. Exige tudo. Exige tempo. Exige persistência. Toda sabedoria é movimento para o futuro. As palavras que a professora Marlene Fontana escreveu em seu livro *A obra de arte além de sua aparência* adaptam-se à ideia de uma busca artística da sabedoria humana e profissional:

> Todo ato criador é ação dos sentidos inquietos e insatisfeitos que pensam e vivem. Um processo no qual a regressão e a progressão infinitas são inegáveis. O artista vai e volta, torna a ir e torna a voltar; infeliz daquele artista que só se contenta em ir..., contenta-se com o primeiro traço, com

o primeiro gesto, com o primeiro passo, com a primeira nota musical, com a primeira intuição, com a primeira emoção, com o primeiro *insight*, com a primeira fala. Ele pode até experimentá-los, mas ainda não incorporá-los. Para isso há um longo caminho.

AS **PALAVRAS-CHAVE** SÃO

- Tecnologia
- Internet
- Privacidade
- Aposentadoria
- Lucidez
- Profissão

A INVENÇÃO DO FUTURO

"O melhor profeta do futuro é o passado."
LORD BYRON

No sentido bíblico, profeta não é aquele que prediz o futuro. O futuro ainda não existe. Terá de ser inventado hoje. A partir de hoje. Ser profeta é alertar. Alertar para o fato de que podemos destruir o futuro. E avisar, em contrapartida, que podemos construir um futuro melhor.

> O profeta, portanto, atua no presente, tendo como base o passado.

O passado ensina muito sobre os possíveis futuros. As experiências que tivemos, as leituras que fizemos, as pessoas que já conhecemos, as histórias que nos contaram ou que protagonizamos... essa densidade de vida nos ensina o melhor modo de conjugar o futuro, diariamente.

Os erros que já cometemos compõem a Errologia (disciplina necessária em todos os cursos de formação profissional), com a qual nos tornamos menos arrogantes. É um bom exercício de autoconhecimento, e fonte de *insights*, folhear antigas agendas, lembrar decisões mal tomadas, ou decisões que deveriam ter sido tomadas, lembrar metas que não foram atingidas, lembrar acontecimentos que, à luz da maturidade, ganham contornos mais claros. Tudo isso é ocasião de aprendizado para a invenção do futuro.

> Olhando para o passado com olhar profético, descubro formas de construir futuros. Ou percebo a necessidade de construir pontes entre o passado e o futuro.

O futurólogo britânico Patrick Dixon costuma fazer uma observação curiosa em seus livros: numa sociedade fragmentada e insegura, uma família em que o casal permanece unido contribui positivamente para o futuro da sociedade e das empresas. Como decorrência dessa constatação, Dixon pergunta aos líderes empresariais se já pensaram em formas de ajudar os funcionários casados a continuarem casados e felizes, se levam em conta os chamados "valores de família" e se criam dentro de suas organizações programas contra assédio sexual. Voltando-se a seguir para as pessoas, Dixon lhes pergunta igualmente sobre o cuidado que têm com sua vida familiar, sobre a importância que dão ao relacionamento conjugal, sobre a qualidade de tempo dedicado aos filhos e aos parentes mais próximos e aos amigos.

Nesse sentido, cuidar da família (e das amizades da família), âmbito no qual vivemos o amor, a compreensão, a sinceridade, a brincadeira, a solidariedade e o aprendizado mútuo, é construir uma ponte que nos leva do presente para um futuro melhor.

Essas pontes que se lançam para o amanhã inventam o próprio futuro. A ponte nasce no extremo de cá e vai em direção ao extremo de lá. O extremo presente nós conhecemos (julgamos conhecer...). Quanto ao extremo futuro, nada sabemos de efetivo, mas podemos trabalhar a favor de sua criação. Cada ponte é uma forma de gerar o futuro. E esse futuro será à imagem e semelhança dos valores dos seres futurantes.

A palavra "inventar", em sua origem, significa mais propriamente "descobrir". Duas noções que acabam se confundindo. Ao tentar inventar algo que ainda não sei o que é, descubro que esse algo já existia, estava apenas escondido, coberto, encoberto. Era preciso, então, des... cobrir.

O futuro é algo que só descobrimos que existe no momento em que vamos ao seu encontro, quando o inventamos. Podemos antever algumas cenas dos próximos capítulos, mas os próximos capítulos serão escritos na mesma hora em que nós, os atores, estivermos interpretando nossos papéis.

É um ato de coragem construir a ponte, saindo de um extremo fixo para um extremo que ainda se encontra nebuloso, inconcreto, inconcebido, na outra margem desse conturbado rio do tempo. Neste rio perigoso, veloz, profundo, obscuro, habitado por seres desconhecidos, podemos cair e morrer afogados.

O dramaturgo Augusto Boal gostava dessa expressão — "inventar o futuro" —, fazendo questão de acrescentar que, para realizar essa tarefa, o artista devia encher-se de coragem: não estava autorizado a lamentar o presente. Nem resmungar contra o passado.

O psiquiatra vienense Viktor Frankl, criador da Logoterapia, indicava a seus pacientes e leitores que fizessem, mediante a imaginação, esse trabalho de construção de pontes, para descobrirem e inventarem um futuro melhor. Pedia ele que a pessoa se projetasse no futuro...

Daqui a 30 anos, se você mantiver esse padrão de comportamento, se continuar reagindo como tem reagido, valorizando o que tem valorizado, quem você será? Em que situação se encontrará? Se continuar lutando por uma promoção dessa maneira, se continuar tratando amigos e colegas desse modo, se abrir mão dos seus direitos ou deixar de cumprir os seus deveres, como será o seu futuro? Em que medida seu trabalho será relevante para você, para a sua família, para a sociedade e, em termos mais generosos, para a família humana?

> Imaginemos a nossa vida. O que é a sua vida, afinal? Uma oportunidade.

Dentro da palavra "oportunidade" lemos a palavra "porto". Em latim, *opportunus* significava "favorável", e vinha da frase "*ob portum veniens*". Estamos indo "em direção ao porto", aproveitando ventos e ondas, contornando os perigos do mar da vida. Recebemos a oportunidade de viver, de fazer a viagem sem volta para o futuro.

Viver é ter a oportunidade de viver. Uma tautologia, certamente, uma redundância contra a qual não há argumentos. Subitamente, sem aviso prévio, você descobre que já está vivendo. Você não fez nenhuma aposta ou solicitação, não enviou o seu currículo (inexistente...) para algum lugar de onde nascem almas e corpos. O fato é que você ganhou, de graça, um tempo de viver.

De repente, você descobre que já está "nascido", sendo convidado, ou convocado, a tomar decisões, falar, trabalhar. Ninguém lhe perguntou se você queria essa oportunidade.

Analisando a questão por outro ângulo, caberia lembrar que o nosso nascimento foi causado por uma história e por um ato de amor. Não caímos no mundo como meteoritos.

Um homem e uma mulher (nossos pais), abraçados em nome do desejo e do amor, foram os responsáveis pela nossa concepção, pelo nosso nascimento. Eles estavam construindo uma ponte para o futuro. Nós éramos (somos) parte do futuro de nossos pais. Eles cuidaram de nós ao longo da infância, estavam dispostos a nos transmitir sua visão de mundo, seus padrões morais, suas ideias, e foram eles que nos ensinaram a construir nosso próprio futuro.

> **Nossa carreira profissional tem muito a ver com essa história. Por trás de todo profissional de futuro há um passado familiar significativo.**

Nossos pais não nos perguntaram se queríamos nascer, obviamente, pois não estávamos vivos para receber a pergunta e responder afirmativa ou negativamente. Aliás, só podemos nos considerar livres, aptos a construir ou destruir o futuro, porque nascemos. Porque fomos inventados por nossos pais.

A vida não é uma "coisa" que nos impuseram "gentilmente", como se tivéssemos de aceitar um presente terrível. Desembrulhamos o pacote. Qual era o presente? Uma bomba-relógio, cuja detonação se dará em momento predeterminado, por nós desconhecido?

Seguindo as ponderações do filósofo espanhol Julián Marías, precisamos tomar cuidado para que o conceito abstrato de "vida" não nos desvie da realidade da própria vida. Com a expressão "vida" podemos, do ponto de vista biológico, referir-nos a todas as formas de vida. Podemos ver as plantas, os animais e os homens lado a lado... Podemos aumentar essa lista, teologicamente falando, com espíritos, anjos, o próprio Deus. Tudo isso é vida...

A vida, genericamente considerada, é vida indiferenciada. Devemos definir a vida como a *minha* vida. Mais concretamente, Julián Marías menciona o ingrediente biográfico como aquilo que diferencia o ser humano das coisas e dos animais.

No dicionário, encontro a definição de quadrado: "objeto de quatro lados". Numa enciclopédia, leio que o elefante é um mamífero com tal e tal comportamento. Mas, se eu quiser saber algo sobre Leonardo da Vinci, terei de ler sua história de vida, sua *biografia*. A realidade pessoal tem de ser narrada. A minha vida precisa ser narrada. Para falar de mim, vou contar o que fiz, o que me aconteceu, o que aprendi. Vou contar o que aconteceu comigo no passado. O que estou fazendo no presente. O que pretendo fazer no futuro.

◎ **"Minha vida é um gerúndio"**, definia Julián Marías.

Subitamente percebemos que estamos *vivendo*. Já estávamos a caminho quando nos demos conta de que estávamos *caminhando*. Já estávamos no meio do caminho quando vimos a pedra. Havia uma pedra no meio do caminho. Eu estava caminhando e descobri que estava caminhando, que já estava no meio do caminho ao ver a pedra. Cabe-nos refazer o caminho e contar como esse caminho foi se fazendo. A minha vida é *esta* vida que estou vivendo em gerúndio, e contando para mim e para os outros.

Este estar *vivendo* consiste também em eu projetar possibilidades e escolher. Somos seres voltados para o futuro. A vida não está feita. Outras pedras surgirão no caminho mais à frente. Eu tenho de antecipar e inventar a vida a cada momento. No meio do jogo.

Ninguém me perguntou se eu queria nascer, pois não havia este "eu" a quem se pudesse dirigir alguma pergunta. O meu nascimento é um passado absoluto. Eu não tenho como lembrá-lo por mim mesmo. Só mais adiante eu me dei conta de que estava vivendo. E agora estou aqui, e me pergunto o tempo inteiro o que fazer *da minha* vida. Vou escolhendo, vou aprendendo, vou andando, vou navegando. *Caminante, no hay camino* (diz o poeta Antonio Machado), caminhante, o caminho não existe, o caminho é criado à medida que o caminhante caminha.

○ O futuro ainda não existe. Os seres futurantes terão de criar/descobrir o futuro.

AS **PALAVRAS-CHAVE** SÃO

- Profecia
- Errologia
- Invenção
- Oportunidade
- Correria
- Vida

EXISTE VIDA DEPOIS DO FUTURO?

"O futuro é feito da mesma substância que o presente."
SIMONE WEIL

"Numa época em que os homens ainda tinham visões...", escreveu T.S. Eliot, ao falar sobre a *Divina comédia*, obra-prima na qual Dante Alighieri expressou, em síntese genial, os valores da Idade Média e os seus valores pessoais. Reunindo o inferno, o purgatório e o paraíso numa grande narrativa, Dante imortalizou-se como um dos maiores poetas de todos os tempos. Era um homem que tinha visão e... visões.

Até onde vai a nossa visão do futuro? O que vemos no amanhã e no depois de amanhã?

Conta-se que dois gêmeos, dentro do útero materno, refletiam silenciosamente, mergulhados em grande perplexidade, procurando entender o que faziam ali, naquele lugar tão misterioso. Até que um perguntou ao outro: "Diga lá, meu irmão, será que existe vida depois do parto?".

Nossos valores, nossas convicções conferem coesão e coerência à nossa vida. No âmbito profissional, vamos construindo um passado, uma identidade presente e um futuro. Nosso prestígio é a melhor "aposentadoria", na medida em que nos dará sempre novas chances de trabalhar e ser úteis. Profissionais com muita idade, mas sempre atualizados (os da Idade Média devem estar por dentro da Idade Mídia), sábios, inventivos, abertos para a renovada oportunidade de viver, continuarão sendo convidados a falar, a escrever, a agir.

Um arquiteto como Niemeyer, cheio de projetos na cabeça, continua trabalhando e produzindo, mesmo depois de completar um século de vida.

O economista Peter Drucker faleceu em 2005, às vésperas de completar 96 anos, tendo publicado mais de 30 livros, nos quais organiza e divulga sua experiência como analista financeiro, jornalista, consultor, conferencista e professor.

O mestre Pablo Picasso (pintor, escultor, desenhista e poeta) morreu aos 91 anos de idade produzindo até o limite de suas forças físicas.

Sobral Pinto, jurista, escritor e professor, viveu até os 98 anos em plena atividade. É reconhecido como um dos maiores defensores dos direitos humanos no Brasil.

Pedro Bloch, ucraniano radicado no Brasil, teve uma vida produtiva como médico, jornalista, poeta, dramaturgo e autor de livros infantojuvenis durante seus 89 anos de vida.

O engenheiro Wilson Greatbatch, inventor do marca-passo, registrou mais de 350 patentes, e até o fim da vida (faleceu em 2011 com 92 anos de idade) dedicou-se a várias pesquisas relacionadas à cura da aids, à educação e ao meio ambiente.

O advogado, professor, escritor, historiador, jornalista e político Barbosa Lima Sobrinho faleceu aos 103 anos de idade. Continuava ativo e produtivo até a morte, escrevendo, concedendo entrevistas, participando da vida política e cultural brasileira.

> São pessoas e profissionais inspiradores.
> Exemplos de existências repletas de futuro.

Pessoas com muito futuro, produtivas, dedicadas, convictas, são seres futurantes, construidores de imortalidade. Suas obras são extensões de sua existência. São pessoas interessadas e interessantes. Não se prendem a uma atividade só, estão sempre pesquisando e refletindo, falando e intervindo. Gostam de trabalhar em diferentes ofícios. Divulgam suas ideias com generosidade e, em lugar de se sentirem prisioneiras do passado, sentem-se importantes e fazem valer a sua importância, a sua experiência.

> A aposentadoria não é o ponto final da existência de quem se sente à frente do seu tempo, de quem prefere continuar sendo útil e inventivo.

Não se aposentar é não querer ficar preso num aposento da casa. Quero estar presente no meu presente. Quero presenciar meu presente com interesse, com vontade de criar e de crescer. Quero sair de mim mesmo todos os dias, em direção do futuro. Quero que meu futuro se torne presente a cada dia com mais intensidade.

O presente pode estar repleto de futuro. Por outro lado, o futuro já é algo presente, de certo modo. É algo que se pressente e se apresenta. Estamos indo sempre em direção ao ponto de partida. Levamos conosco o passado, com o desejo secreto de não morrer.

É sinal de frivolidade metafísica evitar uma reflexão sobre o futuro absoluto. Porque, se eu me conheço um pouco, sei que ele habita meus sonhos. O futuro absoluto está presente em meu horizonte. Por mais animado que eu esteja com meu presente, empenhado, vencendo limitações físicas, superando a tentação do pessimismo, enfrentando eventualmente o preconceito etário, estou ciente, com mais clareza do que posso suportar... de que não viverei para sempre.

> Ou talvez sim? Não existirá vida depois do futuro?

A dúvida é a sombra de toda certeza. Se eu estou certo de que existe vida depois da morte, ouço perto de mim a voz da dúvida, me provocando: "Isso é ilusório... Isso é invenção das religiões... Isso não faz sentido... Uma pessoa racional não pode acreditar nisso...". E se eu estou certo de que não existe vida depois da morte, ouço a mesma voz da velha dúvida, sussurrando: "Em todas as culturas do mundo fala-se em vida depois da morte... Grandes pensadores, desde Sócrates, falam em vida depois da morte... Vários cientistas acreditaram em vida depois da morte como o brasileiro Carlos Chagas Filho, como Albert Einstein e outros físicos que, a exemplo deste, ganharam o Prêmio Nobel como Arthur Compton, Werner Heisenberg, Nevill Mott, Charles Townes, Arthur Schawlow, Antony Hewish, John Polkinghorne, Arno Penzias, William Phillips...".

A morte é um ingrediente da minha vida. Não há vida sem morte. Tenho de aceitar a morte como uma realidade. Por isso não é estranho fazer um seguro de vida. A vida não é segura! E porque não posso me segurar na vida a vida toda... faço o seguro.

E por isso também existe o testamento, com o qual eu dou instruções sobre o que as pessoas devem fazer com os meus bens, no todo ou em parte, quando eu não estiver mais aqui. Se eu sou o dono e presidente de uma empresa, posso pensar e preparar meu sucessor. Antes de morrer, posso deixar pequenos filmes gravados com mensagens especiais para serem vistos no futuro.

O nascituro é aquele cujo nascimento é dado como certo. Não nasceu, mas já está destinado a nascer no futuro. Existe a palavra "morituro" em português, mas é pouco usada. Veio do latim *moriturus*, "aquele que deve morrer", aquele que vai morrer no futuro. E assim como o nascituro não sabe com certeza se vai continuar vivo depois do parto, o morituro não sabe com certeza se vai morrer totalmente depois da morte.

No mundo do trabalho, ainda há quem pense na aposentadoria como ideal de vida, mas é muito mais difícil pensar na morte como algo possível antes mesmo que se complete o "tempo de serviço". A morte pessoal está sempre longe. Perdida no futuro. O futuro parece eternamente aberto.

Temos duas possibilidades. Ou melhor, três. Uma delas é recusar-se a pensar no assunto, é fechar este livro e ir trabalhar, dormir, almoçar, qualquer outra coisa. Outra possibilidade é passar para o próximo capítulo, prometendo pensar no assunto em outro momento, no futuro...

A terceira possibilidade é prosseguir a leitura, é imaginar que podemos continuar criando e descobrindo novos futuros. Assim como o parto foi uma pequena morte em direção a esta vida, uma vida nova fora do útero, é possível dizer que a morte é um grande parto em direção a uma nova vida, fora das atuais circunstâncias deste mundo.

Meu pai, já bastante doente em maio de 1993, um dia antes de morrer nos disse: "Amanhã eu vou embora". Pensávamos que estivesse querendo sair do hospital, voltar para casa, o que era bastante compreensível. Na verdade, porém, estava antecipando a sua partida definitiva. Estava se despedindo, porque já se sentia a caminho.

A palavra "óbito", em sua origem etimológica, refere-se ao "ir" — ob + ire —, ir adiante. No atestado de óbito nós atestamos que a pessoa já se foi, antes de nós. Meu pai avisara que, no dia seguinte, iria em frente.

Somos seres inovadores, criativos, insatisfeitos. Um ser futurante tende a rejeitar a aposentadoria como objetivo de sua vida profissional. A aposentadoria para ele é morte precoce ou morte em vida. Mas não é só isso. A própria certeza da morte não lhe agrada. Não quer morrer.

Perguntaram ao cartunista Allan Sieber, numa entrevista, como gostaria de morrer. Sua resposta foi em outra direção: "Não gostaria de morrer". O antropólogo Darcy Ribeiro declarava: "Eu deveria ser eterno. A imortalidade, não a da Academia, mas a de fato, seria ótima". Simone de Beauvoir dizia odiar "a ideia de morrer um dia". Corre a lenda de que as derradeiras palavras do poeta Fernando Pessoa antes de morrer foram: "Dá-me os óculos!" — como quem pede para ler ou ver alguma coisa. Outro poeta, Olavo Bilac, à beira da morte, disse: "Deem-me um café, vou escrever!" — porque certamente desejava continuar produzindo seus versos. Numa entrevista, o escritor mineiro Murilo Rubião disse: "Um escritor mais velho, quando para de escrever, é porque está próximo do fim. Por isso é que eu reescrevo sempre. Para esticar a vida mais um pouco".

Essas manifestações espontâneas apontam para uma profunda incompatibilidade entre nossos desejos mais profundos e a realidade mais destruidora, entre o instinto de imortalidade (mais do que mera sobrevivência) e o limite da morte. No entanto, esse limite tem dois significados. Do ponto de vista espacial, o limite pode significar uma linha que determina uma extensão: andamos e chegamos ao limite de uma rua, ao limite de um terreno. Mas o limite pode significar algo mais. Pode significar a linha que separa duas extensões: andamos e chegamos ao limite de uma rua e, quando esse limite é ultrapassado, entramos numa outra rua.

O mesmo acontece do ponto de vista temporal. O limite pode marcar o fim de um período: o tempo passa e chegamos ao fim de um dia, ao fim de uma semana. Contudo, é possível continuar vivendo para além desses períodos. Há um dia depois da noite. É possível entrar num novo período de sete dias. O limite, na sua segunda acepção, significa fronteira.

Por estarmos continuamente voltados para o futuro, estamos sempre fazendo projetos. Somos essencialmente programáticos, projetivos. O profissional programático, que tem visões, faz projetos ambiciosos. Não pensa apenas no seu sucesso de hoje, mas no sucesso do próprio empreendimento. Não se restringe a buscar seu ganha-pão (embora para milhões de pessoas ganhar o pão seja um grande empreendimento...), mas imagina um futuro melhor, mais dinâmico, para todos. Em 1995, escrevia Bill Gates em seu *A estrada do futuro*:

> Não está longe o dia em que você poderá realizar negócios, estudar, explorar o mundo e suas culturas, assistir a um grande espetáculo, fazer amigos, frequentar mercados da vizinhança e mostrar fotos a parentes distantes sem sair de sua escrivaninha ou de sua poltrona. Ao deixar o escritório ou a sala de aula você não estará abandonando sua

conexão com a rede. Ela será mais que um objeto que se carrega ou um aparelho que se compra. Será seu passaporte para uma nova forma de vida, intermediada.

Sabemos agora que essa visão não era nada absurda.

Mais do que prever, façamos uma boa previsão acontecer. Mais do que uma herança, deixemos um legado. Mais do que ouvir passivamente a sentença de morte, devemos definir uma sentença de vida!

É verdade que a morte está aí, como um limite que nos entristece, como um bloqueio, como um muro intransponível. Mas também é verdade que sentimos um grande desejo de derrubar o muro, de furar o bloqueio, de ultrapassar o limite. Viver para além da morte é impossível, dirá você, talvez. Mas eu responderia: é um impossível profundamente desejado, é um futuro impossível que vai ao encontro de nossa condição de seres futurantes e programáticos.

O desejo de viver para além do futuro é sinal de que esse além-futuro pode existir. Nossos desejos indicam a existência das coisas desejadas. Se temos fome, é porque vivemos num mundo que pode nos oferecer alimento para matar a fome. Se amamos uma pessoa, é porque vivemos num mundo onde as pessoas querem amar e ser amadas. Se desejamos a vida eterna, haverá eternidade como contraparte dessa antiga aspiração humana.

O que isso tem a ver, diretamente, com o trabalho, com a vida profissional, com a empresa, com os negócios? Tudo a ver.

Uma pessoa que trabalha com perspectivas mais amplas, com horizontes mais ambiciosos, que anseia deixar para as pessoas que ama, para seus filhos, amigos, colegas, parceiros, um legado especial, uma ideia bacana sobre o que é uma vida criativa e produtiva

— essa pessoa não usa a morte como desculpa, como justificativa para fugir ou trapacear, ou como ocasião de lamento e tristeza.

Mais do que limite, a morte é uma ponte. Mais do que prazo, a morte é convite. Mais do que muro, a morte é alavanca. Para uma pessoa bacana, a morte é uma nova oportunidade de encontro com a vida.

AS PALAVRAS-CHAVE SÃO

- Visão
- Aposentadoria
- Morte
- Criatividade
- Tecnologia
- Vida

FUTURO:
MOBILIZAR A IMAGINAÇÃO

> "Estamos muito interessados pelo futuro,
> o que é irônico, considerando-se que
> podemos não ter nenhum futuro."
> ARTHUR C. CLARKE

Certa vez, perguntaram ao escritor Isaac Asimov o que faria se soubesse que morreria dentro de 24 horas. Ele respondeu: "Bateria à máquina de escrever mais rapidamente". Mas não era o medo de morrer, e sim sua grande paixão por criar futuros o que o levou a escrever tão rápido a vida inteira, chegando a publicar mais de 400 livros.

A partir da matemática, da ciência e da sociologia, esse escritor russo, naturalizado norte-americano, um dos maiores mestres da ficção científica do século XX, criou um mundo imaginário que povoa até hoje a mente de milhões de leitores.

Em 1983, nove anos antes de falecer, Asimov escreveu *Os robôs, os computadores e o medo*, um texto que serve de introdução para uma coletânea de *Histórias de robôs*, reunindo contos do próprio Asimov e outros expoentes do gênero. Nesse texto, discorre sobre a tecnofobia, esse nosso antigo receio com relação aos nossos próprios avanços criativos. De fato, basta conhecer um pouco de história para ver o medo (e o fascínio) que a humanidade tem do futuro. E ver como o medo acaba "apertando o gatilho". O filósofo brasileiro José Sotero Caio explicava que o medo da mudança são "medos vulcânicos", porque, reprimidos e afinal provocando grandes erupções, divulgam as mudanças e operam terremotos!

Temos medo do novo, temos medo das técnicas que criamos para resolver nossos próprios problemas, temos medo de causar o fim do nosso futuro... e de certo modo o futuro que vem torna obsoleto o futuro (um tímido futuro...) que tínhamos em mente.

Esse medo irracional pode ser vencido pela reeducação, mas nem sempre nós aceitamos nos reeducar. Vivemos projetados para o futuro, é verdade, mas ao mesmo tempo, em muitos aspectos, continuamos agarrados ao passado. Haja vista a quantidade de coisas obsoletas que ainda ensinamos em nossas escolas e faculdades. Haja vista as regras e comportamentos que continuam puxando o freio de mão da nossa vida profissional.

O medo dos computadores e robôs, ponderava Asimov, justifica-se, em parte, pelo fato de muita gente perder seu emprego a cada progresso tecnológico. A solução, de novo, está na reeducação. E na descoberta do tipo de coisas que a máquina pode fazer melhor do que nós (atividades repetitivas, maquinais e inconscientes), a fim de que nós possamos fazer mais aquilo que a máquina jamais poderá fazer (atividades criativas, críticas, originais).

Por exemplo, a máquina resolve com imensa velocidade problemas aritméticos. Podemos delegar essa tarefa, sem receios. Agora, nossa intuição, nossa criatividade, nossa perspicácia, nossa sensibilidade artística, nossa capacidade de analisar problemas do espírito humano são qualidades que as máquinas não podem ter... pela simples razão de nós mesmos ignorarmos modos de infundir essas qualidades nas máquinas!

Se encararmos os robôs-computadores como nossos aliados "na marcha para um futuro glorioso", como escreve Asimov, não haverá disputa entre eles e nós. Eles farão com mais eficácia aquilo que nos é penoso fazer, e nós faremos aquilo que somente nós sabemos fazer.

O que há de específico em nós, humanos, é saber "levantar uma ponta do véu do futuro", para usar de novo palavras de Asimov. As máquinas são personagens de nossos contos, mas nós não somos personagens dos contos "imaginados" pelas máquinas, porque sempre seremos os seus autores.

Reeducação é a nossa capacidade de reencontrar nossa essência. Caso contrário, nosso futuro termina, aqui e agora. Atrofia-se, atrofiando o próprio presente. O passado ficará inchado e cansativo. Sem a presença do futuro, o próprio passado perde sentido. A falta de reeducação age contra nossa própria maneira de ser.

Como seres imaginativos, programáticos e projetivos, temos a capacidade de reorientar nossas ações. O acúmulo do passado nos empurra para a frente, digamos assim, mas sempre podemos escolher a direção. Somos, essencialmente, seres livres, construtores do nosso futuro.

Por essa mesma condição de seres futurantes, somos levamos a empreender. As mudanças nos obrigam a sair do comodismo, a ultrapassar as conquistas já realizadas. O empreendedorismo não se dá sem o "aprendedorismo". Toda vez que nos sentimos ameaçados pela substituição, ou pela máquina avançada, ou por pessoas mais ágeis, ou pelos mais jovens, ou pelas circunstâncias adversas, ou por qualquer outra mudança, temos de nos reeducar.

Profissionais que ainda se comportam como "analógicos" (e talvez acalentem nostalgia dos telefones fixos, dos filmes fotográficos e discos de vinil) precisam reeducar-se com humildade e interesse, e podem inclusive realizar a conexão (valiosa!) entre seu tempo e este. Há lugar para o mundo das lembranças, para a memória educadora, e aí é possível trabalhar com filmes fotográficos e compartilhamento de imagens pelo Facebook, colocar em sintonia discos de vinil com blogs, a rádio-vitrola e a rádio on-line.

Há profissionais em parte analógicos, em parte digitais. Estão entre 30 e 50 anos, e acompanharam a chegada dos computadores pessoais, dos CDs, dos videocassetes, mas passaram a última década um tanto estacionados. Precisam recuperar o tempo perdido, comprar um GPS, um *smartphone*, um iPod, um *tablet*... e reconectar-se, e ganhar ritmo de atualização (sem cair em desesperos novidadeiros).

◯ **Não somos aplicativos, como reagem vigorosamente os humanistas clássicos do nosso tempo, mas sem aplicativos o mundo do trabalho poderá ficar subitamente complicado...**

E penso, em particular, nos professores. A docência deveria ser a profissão de vanguarda por excelência, a profissão do futuro. Professores do futuro são, nesse sentido, insubstituíveis. Já os professores "conteudistas", que simplesmente levam informações e dados para seus alunos, podem perder seu lugar para computadores com capacidade infinitamente maior de armazenamento.

Esses professores devem reeducar-se, pedagógica e tecnologicamente, para ensinar aos alunos modos de viajar com a imaginação, modos de avaliar eticamente a realidade, modos de criar solidariedade, modos de realizar nexos entre conhecimentos (uma disciplina chamada Nexologia viria a calhar).

O poeta e educador inglês Herbert Read, na década de 1960, já dizia que, em teoria, era possível a qualquer pessoa acessar o patrimônio cultural da humanidade dentro de casa, graças à televisão. A tarefa de difundir o conhecimento estava resolvida (ao menos na Europa e nos Estados Unidos...), mas ainda era preciso interpretar esse patrimônio e criar valores, tarefas essencialmente humanas.

Meio século depois, em plena Idade Mídia, essas tarefas se tornaram ainda mais urgentes perante o "dilúvio informacional do ciberespaço", uma das expressões favoritas de Pierre Lévy. Esse dilúvio, ao contrário do aguaceiro bíblico, não terá fim. As águas não vão descer jamais, no mundo inteiro. Temos, portanto, de aprender a nadar, flutuar, a navegar nesse mar infinito e eventualmente... a andar sobre as águas. E aprender a ensinar nossos filhos e alunos a viver neste mundo, embora seja muito mais fácil para eles aceitar como natural a realidade atlântica (nada pacífica) em que nasceram.

Neste mundo oceânico em que a noção de "terra firme" se perde, a obsessão por um emprego fixo, estável e tranquilizador vai sendo questionada e encurralada, bem como o sonho da aposentadoria dos áureos tempos de Noé... As ilhas que ainda existem, de empregos públicos, com vantagens que a maioria dos outros trabalhadores não têm — estabilidade, competição mínima ou nula, aposentadoria com salário quase integral —, são pequenas para a quantidade de pessoas que se sentem perdidas no meio dos mares.

Projetar-se é preciso.

Seres futurantes (e flutuantes nas ondas virtuais), nós possuímos consciência, que é a ciência da ciência, conhecimento de que temos conhecimento. Por isso somos críticos e estratégicos. Por isso somos polissêmicos e policêntricos. Por isso podemos fazer um exame de consciência e nos libertar da ilusão arrogante de prever o futuro. O futuro é aberto e imprevisível. O futuro não depende da vontade de um só. Nem da vontade inflexível de um deus autoritário, que não goste de colaboração, parcerias e sugestões.

A imaginação mobilizada é criadora de futuro. Na *Divina comédia*, Dante diz que "chove dentro da alta fantasia", passagem que Italo Calvino, em seu genial livro *Seis propostas para o próximo milênio* (livro de futurologia, publicado em 1988), explica se tratar da imaginação mais elevada, fertilizada pela luz. Dante tinha um "cinema mental" ou uma "televisão interna" que lhe permitiam ver. Graças a essa imaginação iluminada, Dante pôde escrever. E, escrevendo, criar o futuro do mundo.

Perguntar-se "por que não?" é provocar imagens dantescas, imagens ousadas, visões novas, conciliações inusitadas, em nome de uma ética da compreensão, em nome de uma ecologia humana, em nome da vitória sobre o inferno e o ingresso no paraíso.

Por que seria impossível a uma pessoa de 70 ou 80 anos trabalhar numa empresa, atuando como conselheira, contadora de histórias, confidente, observadora crítica ou algum outro tipo de função humanizadora, criativa ou divertida?

Por que seria impossível criar na empresa espaços lúdicos para a arte, incentivando que cada funcionário aprenda a tocar algum instrumento musical, ou tenha aulas de teatro, poesia, escultura, fotografia, etc.?

Por que seria impossível encorajar que, com alguma frequência, as pessoas levem seus animais de estimação para o escritório, observadas certas condições de segurança, melhorando a comunicação e o clima de amizade?

Por que seria impossível suscitar no ambiente corporativo o hábito da leitura criativa e da reflexão filosófica, enfatizando, em momentos determinados, a discussão sobre temas da atualidade como economia, política, comportamento, religião, etc.?

Por que seria impossível transformar o local de trabalho num lugar de experiências revolucionárias? A simbiosofia, conceito (e nova sabedoria) que Edgar Morin trabalha em seus textos, é a arte de viver juntos — temos, realmente, de aprender a conviver no mundo da diversidade, da heterogeneidade, da diferença, superando a desconfiança gratuita e os preconceitos.

Apesar das globalizações, modas e estereótipos, as pessoas continuam tendo opiniões diferentes, gostos variados, opções que não coincidem necessariamente com as dos outros. E isso faz parte da essência do humano.

Se quisermos ter um futuro para a humanidade, em que os conflitos não se tornem terríveis atritos, a mais alta imaginação poderá ser muito útil, transformando conflitos em contrastes. A "louca da casa", num mundo sem razão, pode acabar se tornando mais sensata do que podíamos prever.

Certa vez... dois ladrões foram presos e levados à presença do rei. O rei era generoso em muitas de suas atitudes e decisões, mas em caso de roubo não concedia o perdão jamais. Alguém roubou? Pena de morte! Antes, porém, o rei permitiria aos condenados a realização de um último desejo.

O primeiro ladrão pediu ao rei que lhe fosse servido um jantar inesquecível, com as melhores iguarias e bebidas. Um jantar nababesco! Um jantar opíparo! O rei acatou o pedido: "Será atendido, e amanhã cedo... a morte".

O último desejo do segundo ladrão era outro. Pedia que sua vida fosse poupada em troca de um presente: faria o cavalo favorito do rei aprender a voar. O rei, surpreendido pela proposta, perguntou ao homem quanto tempo precisaria para realizar tal proeza. O condenado pensou um pouco e disse que em um ano, não mais do que isso, o cavalo do rei estaria voando como um passarinho.

Enquanto o rei deliberava com seus conselheiros, o primeiro ladrão dirigiu-se ao companheiro, sussurrando:

— Você enlouqueceu? Tem consciência do que está prometendo ao rei? Cavalos não voam! É impossível!

— Tem razão — respondeu o segundo ladrão, — mas é necessário... Você escolheu o jantar. Eu preferi lecionar! Se o rei atender ao meu pedido, terei um ano a mais de vida pela frente. E durante um ano muita coisa pode acontecer...

— O que pode acontecer?

— Em um ano, o rei pode falecer, e o seu sucessor, menos intolerante, quem sabe, talvez me perdoe ou transforme a pena capital em alguns anos de cadeia. Pode acontecer também de o cavalo morrer de morte natural, e estarei desobrigado de entregar o presente, mas beneficiado pelo pedido atendido. Ou eu mesmo posso morrer por outra qualquer razão, em data já definida pelo destino. Ou, meu amigo, pode acontecer de eu me tornar o primeiro homem na história a fazer um cavalo voar!

Finalmente o rei disse: "Concedo-lhe um ano para ensinar o meu cavalo a voar".

No dia seguinte, depois daquele jantar inesquecível... o primeiro ladrão foi enforcado, e o segundo ladrão começou a dar aulas de voo ao cavalo do rei.

Os meses foram passando. Dois meses... Seis meses... Onze meses... Num belo dia, enquanto apreciava suas terras pela janela do palácio, o rei teve uma visão. Os olhos arregalados, passou mal, colocou a mão ao peito e caiu no chão. Morto. Infarto fulminante!

E o segundo ladrão, montado no cavalo voador, nunca mais foi visto novamente!

AS PALAVRAS-CHAVE SÃO

- Imaginação
- Medo
- Tecnologia
- Educação
- Criatividade
- Empresa

SERES FUTURANTES

> "As coisas são
> As coisas vêm
> As coisas vão
> As coisas
> Vão e vêm
> Não em vão
> As horas
> Vão e vêm
> Não em vão"
> OSWALD DE ANDRADE

◉ **Tudo se move. Tudo se altera. O único ponto fixo é a ideia de mudança, o que exige de nós uma cabeça estratégica.**

Uma definição simples de estratégia: "pontes alternativas quando as principais não dão certo". Precisamos ter opções de reserva. Saídas de emergência. Porque os futuros livres podem se tornar presentes inesperados. Os futuros livres, contingentes, vão nos surpreender sempre. Se o plano A não der certo, terei perdido o dia? Terei perdido o jogo? Não. O plano B deverá ser colocado em prática. E se o plano B falhar também? Então terei de lançar mão do plano C...

É famosa a piada que consagrou a expressão "amigo da onça", aquele amigo hipócrita e falso que, no fundo, torce contra você. Lá estavam dois caçadores conversando num acampamento. E um deles pergunta:

— Amigo, o que você faria se estivesse sozinho, na selva, e uma onça enorme aparecesse na sua frente?

— Ah, meu companheiro, eu pegava a minha espingarda e atingia em cheio o coração dessa fera!

— Puxa. Mas... vamos dizer que você estivesse sem a sua arma. O que faria?

— Bem, nesse caso eu matava ela com o meu facão!

— Mas se você tivesse esquecido o facão?

— Ué... eu apanhava uma pedra e arrebentava a cabeça dessa onça!

— E se não tivesse pedra nenhuma por ali?

— Xi, o jeito era subir na árvore mais próxima!

— E se não tivesse nenhuma árvore?

— Sairia correndo como um louco!

— E se você estivesse paralisado de tanto medo?

Já irritado com as sucessivas dificuldades, o outro desabafa:

— Vem cá! Você é meu amigo ou é amigo da onça?

O caçador tinha um plano A (espingarda), um plano B (facão), um plano C (pedra), um plano D (subir na árvore) e um plano E (correr). Sabemos que a vida pode nos dar rasteiras sem fim, e que amigos da onça (infelizmente...) não correm risco de extinção. Mas quatro planos alternativos são um número bem razoável, você não acha?

Em qualquer tipo de empreendimento, num passeio, numa aula, ter alguns planos alternativos é saber que o futuro não obedece à nossa vontade! No filme *O sorriso de Mona Lisa* (2003), a professora de Introdução à História da Arte, Katherine (interpretada por Julia Roberts), vai ministrar sua primeira aula numa escola feminina tradicionalista norte-americana, na década de 1950.

Katherine entra na sala de aula, apresenta-se, anuncia o nome da disciplina e avisa que seguirá o programa do Dr. Staunton. Começa a apresentar os *slides*... tradicionais com um discurso tradicional:

— Desde os primórdios, o homem sempre sentiu o impulso da criação artística. Alguém saberia me dizer o que temos aqui?

A aluna Joan Brandwyn adianta-se:

— *Bisão ferido*, Altamira, Espanha, 15 mil a.C.
— Muito bem, Joan. Mesmo sendo tão antigas, essas pinturas são tecnicamente muito sofisticadas, vejam...

A mesma aluna a interrompe:

— ...o sombreado e a espessura das linhas sobre a corcova do bisão. É isso?
— Sim, é exatamente isso — responde a professora, surpresa. E pede o próximo *slide*. — Esse provavelmente é menos familiar para vocês. Foi descoberto pelos arqueólogos...

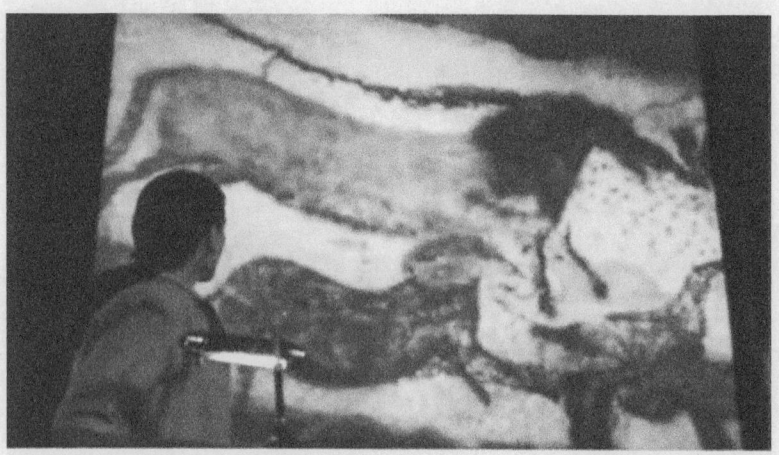

Cena do filme *O sorriso de Mona Lisa* (2003)

Outra aluna se antecipa:

— ...em 1879, Lascaux, França. É de 10 mil a.C. Destaca-se pelas linhas fluidas que representam o animal em movimento.

As outras alunas riem. A professora se sente incomodada. Elogia a aluna e tenta prosseguir:

— O fato de algo ser antigo não significa que seja tosco, rudimentar. Por exemplo, nesse outro slide...

E uma terceira aluna se adianta:

— Este é *Miquerino e sua rainha*, 2470 a.C. É a estátua funerária do faraó e sua esposa, com o objetivo principal de preservar a alma do faraó.

Professora Katherine, perplexa, olha para as alunas e pergunta:

— Vocês já tiveram *História da Arte* antes?
— Não — respondem em uníssono.

E ela insiste, com mais um *slide*, e outro, e outro, e outro. Todos são imediatamente identificados pelas alunas, que parecem conhecer com detalhes o roteiro da aula. De fato, já tinham decorado o livro-texto. Nada daquilo era novidade para elas. A aula termina. A professora está arrasada. Por acreditar que tudo transcorreria de acordo com a normalidade, não levara *slides* extras, não tinha um plano B, não estava preparada para improvisar.

Improvisação requer muita preparação. E uma convicção de fundo de que sempre podemos decidir, sempre podemos dar uma nova interpretação à realidade, um novo rumo aos acontecimentos.

Somos seres futurantes porque somos seres programáticos. Estamos o tempo todo em busca do futuro melhor. Somos futurantes, mas estamos com os pés fincados no presente. E o presente, basta estar informado, não é dos mais tranquilos. Sistemas econômicos ameaçados, sistemas políticos abalados, sistemas religiosos fanatizados, a disseminação das drogas, famílias dissolvidas, juventudes destruídas, a persistência do analfabetismo (incluindo aqui o analfabetismo funcional), a violência, a guerra, a pobreza, as perturbações climáticas...

No presente problemático, pressentimos um futuro problemático.

No entanto, desejamos lutar a favor de valores que nos humanizem. Temos de colocar em prática o plano B, ou o plano C, ou o plano D... ou o plano Y, ou o plano Z... ou o plano Ç ou o Plano #, não podemos desistir.

Seres futurantes são chamados à liderança. Liderança dentro das empresas, vistas como comunidades, liderança social em diferentes âmbitos — na família, entre os amigos, em grupos esportivos, religiosos, culturais, etc. Liderança autêntica, ocioso dizer, pautada pela vontade efetiva de servir as pessoas, promover as pessoas, orientar as pessoas para um futuro mais humano.

Seres futurantes são chamados à interação, à comunicação. Compreendem o mundo como um lugar de encontro e diálogo. "Tudo está ameaçado", disse o pensador espanhol Alfonso López Quintás, "mas nada está perdido". Em todos os pontos do planeta, no nível das relações entre países, entre culturas, entre empresas, entre pessoas, o perigo da desarmonia e da incompreensão está evidente. Seres futurantes devem saber conversar para ensinar os outros a conversarem.

Seres futurantes são chamados ao empreendedorismo. Conscientes de que são criadores/descobridores de futuros, participam do jogo da vida com iniciativa. Os futuros são permeáveis à nossa liberdade. O plano A pode não ter dado certo, mas o plano B... ou o plano F... ou o plano R haverá de reconfigurar alguns aspectos do amanhã.

Seres futurantes são chamados a crescer em sua carreira profissional, a trabalhar de modo significativo e inspirador. Não trabalham em vão. E vão construindo o seu prestígio, sem esmagar esperanças alheias, sem humilhar os colegas ou subordinados, sem manipular os mais fracos, sem bajular os mais fortes.

Seres futurantes são chamados à criatividade. Há centenas de definições de criatividade, algumas definições são mais criativas, outras menos. Criar o futuro é, afinal, a maneira mais realista de prevê-lo.

Tal criatividade pressupõe uma imaginação, cuja loucura deverá ser, mais do que combatida, direcionada por uma visão responsável.

Seres futurantes são chamados ao aperfeiçoamento. Somos pessoas perfectíveis. Podemos e devemos melhorar. É um imperativo ético. Melhorar como filhos e irmãos, melhorar como pais e mães, melhorar como avôs e avós, melhorar como amigos, melhorar como profissionais, melhorar como cidadãos. Melhorar do ponto de vista da alimentação e da vida corpórea. Melhorar do ponto de vista do aprendizado e da leitura. Melhorar como pensadores do mistério da vida.

Seres futurantes, enfim, são chamados à motivação. Certamente, uma motivação que não se esgota em recomendações genéricas, cuja inconsistência se torna patente quando temos de enfrentar os ventos mais fortes de uma crise familiar, de um baque financeiro, de um revés profissional, de novos desafios.

AS PALAVRAS-CHAVE SÃO

- Mudança
- Empreendimento
- Improvisação
- Valores
- Liderança
- Aperfeiçoamento

A GESTAÇÃO DO FUTURO

> "O presente está grávido do futuro."
> GOTTFRIED LEIBNIZ

Em 2025, o Brasil terá cerca de 225 milhões de habitantes. É bem provável que você e eu estejamos vivos, presentes ao nascimento do futuro. Por enquanto, esse futuro está dentro do nosso presente. Nossa responsabilidade consiste em cuidar do presente para que possamos comemorar a chegada do futuro.

A gestação do futuro é gestão do presente.

A mulher grávida sabe que sua alimentação durante os nove meses, as emoções que sentir, as atividades que realizar, as conversas que tiver, tudo aquilo que fizer e experimentar até o momento do parto exercerá influência decisiva sobre a saúde e sobre o futuro do bebê.

O futuro é filho do presente.

O que fizermos hoje, a favor do nosso desenvolvimento pessoal, do crescimento dos nossos familiares, da empresa em que trabalhamos, dos nossos amigos e parceiros, tudo isso é investimento existencial para um futuro melhor. Por mais que tenhamos "amigos" no Facebook, por exemplo, temos de aprender a conversar pessoalmente, assegurar os vínculos que valem a pena. Por mais virtuais que sejamos, temos de traduzir em realidades pessoais o que somos essencialmente.

As tecnologias do futuro fazem parte do presente. E, sem ingenuidades, vão aumentar o poder de destruição do homem contra o homem. No futuro, como no passado e no presente, haverá guerras e genocídios. Os livros de autoajuda e a linguagem religiosa adocicada não conseguirão deter o que alguns teóricos consideram próprio da condição humana: "todos contra todos" (Thomas Hobbes). A guerra do futuro repetirá a receita do passado — até os vencedores deverão ser vistos como derrotados.

Dostoiévski se perguntava o que havia de tão glorioso em bombardear uma cidade sitiada em comparação com o assassinato de alguém a machadadas. Atualizando a perplexidade do escritor russo, podemos nos perguntar o que há de tão glorioso nas armas químicas, genéticas e radiológicas reduzindo cidades inteiras a pó em comparação com o assassinato de alguém por enforcamento, com uma mísera corda de náilon?

O que fizermos agora, durante a gestação do futuro, será decisivo para o que chamaremos de presente daqui a 20, 30 ou 40 anos. Nossa alimentação de amanhã dependerá do que hoje cultivarmos. E se há algo que devemos cultivar é a esperança. É mais saudável ter esperança do que não tê-la. Não ter esperança aumenta as chances de fracasso. Ter esperança aumenta as chances de harmonia. Temos esperança de, no futuro, mostrar a nós mesmos que a humanidade não se condenará à autodestruição.

De modo concreto e individual, cada um de nós aumenta as chances da humanidade, na medida em que luta contra a própria autodestruição. E isso tem a ver com inúmeras questões que podemos chamar de "autoquestões" — automedicação, autoafirmação, autonomia, autorrespeito, autopiedade, autolatria, autoconhecimento, autofagia, autodidatismo, autocrítica, autocontrole, autoconsciência, autocensura, autoria...

A gestão/gestação do futuro pessoal tem a ver também com outras questões, envolvendo os nossos conviventes. São as questões que podemos chamar de "interquestões" — interajuda, intercâmbio, intercomunicação, interdependência, interdisciplinaridade, interface, interferência, interligação, interlocução, intertextualidade, intersubjetividade, inter-relacionamento, interpessoal...

Quando Caetano Veloso canta que viu "a mulher preparando outra pessoa", revela a relação mais delicada e radical. O presente grávido está preparando o futuro. E o futuro, por se tratar de uma relação bilateral, altera rotinas, pede cuidados, faz exigências.

> O futuro atua sobre o presente, na medida em que o presente atua sobre o futuro.

A gravidez não é lenta nem rápida. Tem seu ritmo. Não adianta forçar adiamentos. Nem antecipar datas. Não é o presente que escolhe o momento. O futuro é o fruto. Quando maduro, desprende-se e vem à nossa mão. Ninguém morre antes da sua hora. Ninguém nasce antes da sua hora.

Antecipamos o futuro pela imaginação. Pela imaginação, pela reflexão, pela palavra. De qualquer modo, temos de esperar que ele venha — é sabedoria experimentar cada minuto em sua "minutez". Cada minuto é um fragmento de futuro que vem chegando. E vamos nos preparando para quando o futuro todo finalmente se tornar presença.

No presente, trabalhamos pelo futuro. É claro, as pessoas trabalham porque têm necessidades materiais a resolver. Necessidades presentes e prementes. Precisamos comprar alimento, roupa, precisamos pagar incontáveis contas ligadas à saúde, à educação, ao transporte, etc., e temos os impostos, e temos o entretenimento. E trabalhamos, agora não mais do ponto de vista econômico, mas do ponto de vista antropológico... nós trabalhamos para conferir um sentido bacana à própria existência e ao mundo.

> Temos de trabalhar as "autoquestões" e as "interquestões". Uma dupla tarefa, em busca da felicidade pessoal e coletiva.

As empresas são comunidades onde as pessoas continuam sendo pessoas, com suas expectativas, com dilemas e problemas. Uma empresa grávida de futuro cuida do presente daqueles que estão ali, presentes todos os dias, trabalhando.

Numa palestra, o filósofo francês Gilles Lipovetsky dizia que recebe muitos convites para falar no mundo corporativo, cujo público é formado por pessoas ligadas à ação. A ação tem um objetivo claro: obter retornos que se possam traduzir em lucro.

Lipovetsky salientava, no entanto, com notória satisfação, que as empresas com visão de futuro mais sofisticada não lhe pedem resultados imediatos. São comunidades que já entenderam que ouvir as reflexões de um filósofo, e refletir com ele, é uma chance única de felicidade intelectual. Essa felicidade se expande por toda a vida de uma pessoa. E, por consequência, contribuirá para que seja uma pessoa profissionalmente mais equilibrada e mais produtiva.

Com deliciosos jogos de palavra que só os poetas sabem criar, Cassiano Ricardo reflete em seu livro *Os sobreviventes* (1971) sobre o futuro — vivemos hoje, mas já brincamos com o que vai nascer, brincamos de "nascer no futuro":

> Ser
> é brincar
> com o que vai
> nascer.
>
> Brincar
> de amanhã
> ser.

○ **Se amanhecer é brincar de amanhã ser, nós estamos grávidos de nós mesmos.**

Seremos amanhã o que começarmos a ser hoje mesmo. O futuro ao presente pertence. Pertence ao presente, aqui e agora, o futuro que vai nascer. Aquela epígrafe do escritor basco Miguel de Unamuno, que usei páginas atrás — "Devemos preferir ser pais do nosso futuro do que filhos do nosso passado" — ganha relevância. Somos, no presente, pais e mães do futuro. Geramos um futuro melhor se trouxermos à tona, no presente, o que de melhor existe dentro de nós.

Em seu *Dicionário do século XXI* (publicado em 1998), Jacques Attali define o tempo como o território do futuro. Para habitar o tempo, teremos de cultivá-lo, preenchê-lo, defendê-lo, enriquecê-lo. Enquanto o espaço se atrofia, o tempo se expande. O espaço das ruas e estradas diminui. O espaço aéreo diminui. Mas o tempo da imaginação e das relações virtuais se expande quase infinitamente.

Daí a importância de gerir o presente para gestar o futuro.

Na sua vida profissional, essa missão levará você a criar melhor: criando trabalho, criando mediante o trabalho, e recriando-se a si mesmo no trabalho.

Primeiramente, você terá de criar trabalho. Flexibilidade, subjetividade e invenção são os valores que substituem a hierarquia, a massificação e a obediência do passado. Mentalidades presas a modelos do passado recente encaram com pessimismo e ceticismo as iniciativas das mentalidades emergentes (e que estão emergindo com intensidade cada vez maior desde meados do século XX).

Mentalidades passadas devem ser remodeladas pelas novas mentalidades. Deixemos as requisições de velocidade, precisão, força e repetição para as máquinas. E deixemos que as pessoas se dediquem, conforme Domenico de Masi em seu *O futuro do trabalho* (1999), "à produção de ideias, à introspecção, à amizade, à diversão, à criatividade, ao convívio".

Criar novas atividades pautadas pelos valores da solidariedade, da beleza, da emotividade, do pensamento livre, sem prejuízo da lucidez, da racionalidade e do senso prático — este tem sido o caminho do futuro já presente, e será o presente do futuro. Requer um espírito de síntese: unir engenharia e poesia, economia e inclusão social, matemática e lazer, gerenciamento e filosofia. (Quem leu *Cinco mentes para o futuro*, de Howard Gardner, vai lembrar o conceito de "mente sintetizadora".)

O resultado, o "produto", o que se cria mediante esse trabalho tem mais qualidade humanística. Um evento internacional como os Jogos Paraolímpicos, que não exclui, ao contrário, tem como base criativa as habilidades dos deficientes físicos, revela qualidade especial. Os "corpos improdutivos e frágeis" (segundo critérios de eficiência técnica e necessidades de guerra) tornam-se corpos ágeis e fortes, em virtude do espírito humano que sempre pode decidir.

Os Jogos Paraolímpicos envolvem investimentos (e, portanto, lucros), consumo, publicidade, turismo, geração de empregos, mobilização política, educação. Todos esses valores e objetivos continuam vigentes. Mas agora o pano de fundo da valorização da essência humana dos participantes desses Jogos confere um colorido bacana a tudo isso.

Por fim, o que produzimos sempre "se volta" a nosso favor (ou contra nós). No caso de atividades significativas e bacanas que geram produtos de alto teor humanístico, os que estão à frente e ao redor dessas atividades recebem a recompensa invisível, mas valiosíssima, de se sentirem mais conscientes (e promotores) da dignidade humana.

AS PALAVRAS-CHAVE SÃO

- Presente
- Esperança
- Convívio
- Gravidez
- Empresa
- Investimento

MAIS PROJEÇÕES

> "Reinventei o passado
> para ver a beleza do futuro."
> LOUIS ARAGON

O que o futuro nos ensina?

Talvez seja esta a melhor pergunta que o livro possa suscitar em suas últimas páginas. Precisávamos, como eu dizia no início, de um adequado conceito de futuro, e que esse conceito surgisse de um processo de criação e de cocriação. Eu e você conversamos em silêncio até aqui, e imagino que uma espécie de "virada mental" ocorreu, permitindo algumas tomadas de decisão. Ou, pelo menos, uma disposição para refletir ainda mais atentamente sobre o passado, o presente, o futuro.

No seu *Epitáfio para o século XX*, o poeta Affonso Romano de Sant'Anna despediu-se dos anos 1900 com amargura e decepção. Um século que poderia ter sido um período de paz e altruísmo foi um tempo de guerras, perseguição, medo, tensões políticas. Um século "armado, canceroso, drogado, empestado", um século "despótico", "patético", "aidético", cheio de "anátemas", "sibérias", "gestapos", um século "terrorista", "utópico", um século que olhou presunçoso, continua o poeta, para o passado e o futuro, e que fez de si "tanto alarde" e que... "já vai tarde".

Este conceito de um passado catastrófico precisa ser reinventado à luz do futuro. Se o mal se aprofundou, o bem se aprofundou igualmente (essa é uma tese do pensador católico Jacques Maritain). Se muito erramos no século passado, muito aprendemos e muito nos preparamos para criar futuros melhores (na medida do possível).

Infelizmente, continuaremos a nos iludir com seitas salvacionistas, fórmulas econômicas infalíveis e líderes semidivinos, que nos prometem um futuro ideal, um mundo perfeito, que perfeito já não é tanto, na medida em que, geralmente, muitos deverão ser eliminados sumariamente e punidos sem perdão para que os escolhidos sejam, enfim, os vitoriosos.

Karl Popper, refletindo sobre o cérebro humano, dizia que ele está sempre à cata de material novo e, absorvendo informações novas, vai descobrindo coisas novas. Há, segundo ele, inserida no cérebro como uma destinação, a necessidade de fazer essas descobertas: "Somos moldados como descobridores".

Seguindo essa linha de pensamento, não me furto a reivindicar o que, na verdade, a filosofia e a ciência afirmam desde sempre — nós, seres humanos, somos, essencialmente, pesquisadores.

E pesquisadores do futuro.

Ao pesquisar o porvir, pesquisamos o que está vindo e o que já veio. Olhamos para todos os lados, ouvimos, lemos (as linhas e as entrelinhas), tocamos o tangível e supomos o intangível, levantamos hipóteses, procuramos causas mais ou menos secretas, tentamos adivinhar o que não se submete ao nosso raciocínio.

O panorama mundial recente e atual pode parecer assustador. Para cada pessoa que, neste planeta, tem acesso a boa alimentação, medicina de ponta, moradia saudável, estudo, trabalho digno, diversão, prazer... cinco outras passam dificuldades, sofrem, alimentam-se precariamente, moram precariamente, vivem em situações-limite.

◉ **Tal desigualdade é um obstáculo gigantesco ao desejo e à luta por um futuro mais humano.**

Você e eu, que estamos pensando sobre o futuro, temos a responsabilidade de criar/descobrir futuros melhores para todos. A vida profissional é ocasião importantíssima, ainda que não seja a única nem, necessariamente, a mais decisiva. No entanto, no dia a dia profissional desenvolvemos relações, defendemos valores em nome da cidadania, agimos sobre o mundo, temos a chance de contribuir com nossos talentos e ideias para que, daqui a 90 anos, quem escrever um epitáfio para o passado não se expresse com o desapontamento tão grande como o que encontramos nos versos de Affonso Romano de Sant'Anna. E vejam que Romano de Sant'Anna nem é, pelo que sei, um homem pessimista!

Minha pergunta otimista é a seguinte — como este livro, com sua leitura, poderá contribuir para nossos planejamentos (não confundi-los com previsões mágicas!), para a busca imaginativa e ativa de um futuro melhor?

Ou, com outras palavras, e contando com sua disposição de pensar algumas respostas — como poderemos, mediante o trabalho (sem cair na febre de consumir, consumir, consumir), como poderemos consumar, levar à plena realização, nossos desejos mais profundos, que começam por colocar o trabalho em sua verdadeira dimensão, prestigiando com mais empenho o amor em família, a solidariedade, a ajuda aos mais necessitados, o crescimento espiritual de todos, o tempo disponível para gerar e sorver beleza, para convivermos, afinal, num futuro reumanizado?

O escritor e educador Rubem Alves, em seu livro *A gestação do futuro* (de 1972), que me inspirou o título do capítulo precedente, interrogava-se sobre as visões do futuro. Saberíamos ler os sinais dos tempos em tempos tão conturbados? Ele se perguntava e, um tanto desalentado, respondia:

> Nossos antepassados acreditavam que as entranhas de vítimas sacrificadas tinham o poder para revelar os contornos dos tempos ainda por vir. Nós não necessitamos realizar o ritual, porque a vítima já foi morta. Vítimas. Procissão. Gente e bichos. Animais e coisas. Os pobres e os fracos, os rios e os ares, as florestas e o silêncio, o mistério e o sagrado, o romântico, o poético, o estético, a mansidão, a preservação, as gerações não nascidas: tudo já foi

queimado no altar da quantidade, engolido pelo tamanho, pulverizado pelo crescimento.

É bom contextualizar esse parágrafo de Rubem Alves. Naquele começo da década de 1970, vivia-se no Brasil sob uma pesada ditadura. As pessoas mais atentas e sensíveis viam o mundo encaminhar-se para o encerramento do milênio sob a ameaça de uma guerra atômica que destruiria a tudo e a todos. No final dos anos 1960, tivera início a Guerra do Vietnã, a União Soviética detinha as ânsias de liberdade de países como a Tchecoslováquia, Martin Luther King fora assassinado. O panorama não era dos mais entusiasmantes.

O próprio Rubem Alves experimentou, no seio de sua comunidade religiosa (ele próprio conta em entrevistas), o gosto da traição. Como poderia ele, àquela altura, confiar ingenuamente num futuro melhor?

Imbuído, porém, de imagens religiosas, Rubem Alves referia-se aos "sacramentos do futuro", que devemos viver no presente. Celebrar esses sacramentos é uma vivência em que se misturam sofrimento e esperança.

○ **Teremos condições de, seres futurantes, criadores de riquezas humanas, humanizar o mundo?**

Em nossas atividades cotidianas, equilibrando no presente o contrapeso do passado e a atração pelo futuro, renovamos a esperança de promover uma vida em que haja lugar para o mistério, o romântico, o poético, o estético, um lugar para os mais fracos, e, de modo especial, um lugar para as gerações que estão para nascer.

AS PALAVRAS-CHAVE SÃO

- Aprendizado
- Poesia
- Profissão
- Humanização
- Pesquisa
- Esperança

Referências

ALVES, R. *A gestação do futuro*. 2. ed. Trad. João-Francisco Duarte Júnior. Campinas: Papirus, 1987, p. 42.

ANDRADE, O. *Dicionário de bolso*. 2. ed. São Paulo: Globo, 2007.

ASIMOV, I. *Histórias de robôs*. Trad. Milton Persson. Porto Alegre: L&PM, 2005, p. 7-18.

ATTALI, J. *Dicionário do século XXI*. Trad. Clóvis Marques. Rio de Janeiro: Record, 2001, p. 375.

CAIO, J. S. *Rumo à filosofia do futuro*. Rio de Janeiro: Imprensa Metodista/Instituto Metodista Bennett, 1982, p. 69.

CALDEIRA, J. *Mauá: empresário do império*. São Paulo: Companhia das Letras, 1995.

CALVINO, I. *Seis propostas para o próximo milênio*. São Paulo: Companhia das Letras, 1990, p. 97-114.

CLARKE, A. C. *Um dia na vida do século XXI*. Trad. Heloísa Gonçalves Barbosa. Rio de Janeiro: Nova Fronteira, 1989.

CLAUDEL, P. *Art Poétique*. Paris: Gallimard, 1984, p. 66.

DIXON, P. *Sabedoria do futuro: as seis faces da mudança global*. Trad. Alice Xavier, Alexandre Rosas e Dora Lima. Rio de Janeiro: Best-Seller, 2007.

ECO, U. Rápida utopia. Trad. Paulo Neves. In: UPDIKE, J. et al. *Veja 25 anos: reflexões para o futuro*. São Paulo: Abril, 1993, p. 108-115.

FERNANDES, M. *Millôr definitivo: a bíblia do caos*. Porto Alegre: L&PM, 2002, p. 250.

FONTANA, M. *A obra de arte além de sua aparência*. São Paulo: Annablume, 2002, p. 131-132.

GARDNER, H. *Cinco mentes para o futuro*. Trad. Roberto Cataldo Costa. Porto Alegre: Artmed, 2007.

GATES, B. *A estrada do futuro*. Trad. Beth Vieira, Pedro Maria Soares, José Rubens Siqueira e Ricardo Rangel. 2. reimp. São Paulo: Companhia das Letras, 1995, p. 15.

GENTILI, D. Na tevê tem muito recalcado. Entrevista para Paula Rocha em *Istoé Entrevista*. Disponível em: <http://www.istoe.com.br/assuntos/entrevista/detalhe/183140_NA+TEVE+TEM+MUITO+RECALCADO+>.

GUEDES, C. O futuro passou. In: UPDIKE, J. et al. *Veja 25 anos: reflexões para o futuro*. São Paulo: Abril, 1993, p. 50-61.

INWOOD, M. *Dicionário de Heidegger*. Trad. Luísa Buarque de Holanda. Rio de Janeiro: Jorge Zahar, 2002, p. 76.

JARVIS, J. *O que a Google faria? Como atender às novas exigências do mercado*. Trad. Cláudia Mello Belhassof. Barueri: Manole, 2010, p. 108.

LISPECTOR, C. *Para não esquecer*. Rio de Janeiro: Rocco, 1999, p. 80.

MARCOVITCH, J. *Pioneiros e empreendedores: a saga do desenvolvimento no Brasil*. São Paulo: EdUSP, 2007.

MASI, D. Busca do ócio. Trad. Marco Antonio de Rezende. In: UPDIKE, J. et al. *Veja 25 anos: reflexões para o futuro*. São Paulo: Abril, 1993, p. 40-49.

MASI, D. *O futuro do trabalho: fadiga e ócio na sociedade pós-industrial*. Trad. Yadyr A. Figueiredo. Rio de Janeiro: José Olympio; Brasília: Ed. UnB, 1999, p. 232.

MORIN, E. *Os sete saberes necessários à educação do futuro*. Trad. Catarina Eleonora F. da Silva e Jeanne Sawaya. São Paulo: Cortez; Brasília: UNESCO, 2000, p. 78.

PINSKY, J. *O Brasil tem futuro?* São Paulo: Contexto, 2006.

POPPER, K. R.; LORENZ, K. *O futuro está aberto*. Trad. Teresa Curvelo. Lisboa: Fragmentos, s/d., p. 59.

RESENDE, E. *Chega de ser o "país do futuro": novos paradigmas para resolver o Brasil*. São Paulo: Summus, 2001.

RICARDO, C. *Os sobreviventes*. Rio de Janeiro: José Olympio, 1971, p. 240.

SANT'ANNA, A. R. *Epitáfio para o século XX e outros poemas*. Rio de Janeiro: Ediouro, 1997.

SIQUEIRA, E. *2015: como viveremos*. São Paulo: Saraiva, 2004, p. 6.

SOUZA, H. O pão nosso. In: UPDIKE, J. et al. *Veja 25 anos: reflexões para o futuro*. São Paulo: Abril, 1993, p. 14-21.

TOYNBEE, A. *A sociedade do futuro*. Trad. Celina Whately. Rio de Janeiro: Jorge Zahar, 1972.

UPDIKE, J.; SOUZA, H.; FISHER, H. et al. *Veja 25 anos: reflexões para o futuro*. São Paulo: Abril, 1993.

ZWEIG, S. *Brasil, um país do futuro*. Trad. Kristina Michahelles. Porto Alegre: L&PM, 2006.

Este livro foi composto com tipografia Minion Pro
e impresso em papel Off Set 90 g na Edelbra Gráfica.